Plattdüütsch Gebedebook

Plattdüütsch Gebedebook

von
Otto Pötter

Münster
2022

Dank

† Pastor Heinz Withake (Geistl. Rat), Münster (1941–2021),
för de geistlicken Impulse und an Markus Pötter (Grafik-Design Dresden) för de sinnig schmucken Belder. Danken möcht ick auk mienen ümsichtigen Lektor, Dr. Bernward Kröger, för de proppere Text- un de gefällige Bookgestaltung.

© 2022 Aschendorff Verlag GmbH & Co. KG, Münster

www.aschendorff-buchverlag.de

Das Werk ist urheberrechtlich geschützt. Die dadurch begründeten Rechte, insbesondere die der Übersetzung, des Nachdrucks, der Entnahme von Abbildungen, der Funksendung, der Wiedergabe auf fotomechanischem oder ähnlichem Wege und der Speicherung in Datenverarbeitungsanlagen bleiben, auch bei nur auszugsweiser Verwertung, vorbehalten. Die Vergütungsansprüche des § 54 Abs. 2 UrhG werden durch die Verwertungsgesellschaft Wort wahrgenommen.

ISBN 978-3-402-24732-7

INHALT

„… und segnete sie" 11

GOTTVERTRUEN 13

Gottvertruen 14
Laot diene Hölpe bi mi sien 15
Besiäle use Welt 16
So lött et sick beeden 16
Vull Andacht will wi beeden 18

AN GOTTES SIÄGEN IS ALL'S GELIÄGEN 19

Miene Huopnung, miene Freude 20
Vör Tieten spröök Gott so to Abraham 21
Siägnen 22
Fest sall mien Dööpbund alltiets staohn 23

GEBODE UN GRUNDGEBEDE 25

Dat Vaderunser 26
De Teihn Gebode up Platt 27
De „fremden Sünden" 29
De seewen Laster 29
De göttlicken Tugenden 30
De veer Kardinaltugenden 30
De seewen Hillig-Geist-Gawen 30
Dat naodenklicke Vader unser 31
De Siäligpriesungen 32
De seewen lieflicken Barmherzigkeitswerke 34
De seewen geistigen Barmherzigkeitswerke 34
Komm, du Heiland von us all 35
Dat Apostoolske Gloovensbekenntnis 36
Dat graute Gloovensbekenntnis 37
Ehre sie Gott 38

INHALT

Ave Maria 38
Siäle Christi, hillige mi 39
Mien Hiärt un Siäl verlangt nao di 39

GOTT HÖLT US 41

Psalm 130: Uut deepe Naut roop ick to di 42
Psalm 23: De guede Hööder 43
Jesus, ick vertruu di heelmaol 45
O Jesu, all mien Liäben bis du 46
Et kümp de Dag 47
Lebennig Waater 47
Ehre, Luow un Pries 48
Luowe den Herren 49
O Gott, erbarme di 50
Gewe Gott, du us, Geleit 51
Well unner Gottes Schutz fest steiht 52
Gott hölt us 53
Gottvertruen 53
Allet wäd guet 54

MARIA 55

Siägne du, Maria 56
De Angelus 57
Magnifikat 58
Salve Regina 59
Unner dienen Schutz un Schirm 60
Help, Maria, et is Tiet 60
Du guede Gottsmoder, bitte erhöre mi 61
Jungfrau, Moder Goddes mien 62
Freu di, du Hiemmelskönnigin 64
Siägne, Moder Goddes us 65
Maria sie Dank 65
Sächt an, well is doch düsse 66
Fatimagebet 67

Wende, o gnädige Modder du,
diene barmherzigen Augen us to 67
Wunnerschön prächtige 69
Maria knöpp den Mantel up 70

DE RAUSENKRANZ 71
De freudenrieke Rausenkranz 74
De trostrieke Rausenkranz 74
De schmerzlicke Rausenkranz 74
De gloriose Rausenkranz 75
De lichtrieke Rausenkranz 75
De Hillig-Geist-Rausenkranz 75

MAIANDACHT 77
ALLTIETS MET ANDACHT 87
Wat Gott dött, dat düch alle Tiet 89
Di möch ick, Gott, to eegen sien 93

GEBEDE FÖR ALLE DAGE 95
Muorngebet 96
To Dagesbeginn 97
Bitte för düssen Dag 97
Bitte um Hölpe för den Dag 98
Aobendgebet 99
Aobendgedanke 100
Schenke mi ne guede Nacht 100
Still un ruhig 101
So nemm denn miene Hande 102
För an de Huusdör 103
Gott hölt us 103
Biddet, un et wäd ju giebben 103
Alle Aogen wochtet up di 104
Dischksiägen 104
Dank för Speis un Trank 105

INHALT

Danke för düt Iätten 105
Keggen de Korpulenz 106
Dat Gebet för twee 107
För de Familge 108
Up de aollen Dage 109
Wi sind nich alleen 110
Wat wär dat Liäben ohne di? 111
Diene Güte is so wiet 111
Gebet keggen dat Böse 112
Jesus, help 113
Mien Jesus, Barmherzigkeit 113
Keggen quiälend Schuld 114
Stärkende Anroopungen 114
Gott, gaoh mit us dört Liäben 116
Dagesgedanken 117
För den fröndlicken Blick 118
Wi sägget Dank, Herr Jesus Christ 119
Wi wennet us an Gott 119
Vaderunser 120
Gott, ick vertrue di ganz 120
Gebet för de armen Siälen 121
Bedenket wi 122
Danken 123
Gottvertruen 124
Alleen Gott üöwer us sie Ehr 124
Komplet 125
Aobendstund kümp sachte 127

HILLIGE UN FESTE DAT JAOHR HENDÖR 129

Ji Frönde Gottes 130
Dat Jaohr hendör 131
Allen Mensken steiht peraot Gottes Raot 132
Dört Jaohr mit Gottes Siägen 133
Sunndag nao den 2. Februar: Lechtmiss,
3. Februar: Blasius 136

Gott hölt us 137
4. Februar: Veronika 139
9. Februar: Gedenkdag von Anna Katharina
Emmerick 140
Help, du Herr von 't Liäben 142
Fastentiet 143
25. April: Markus 145
Uut deepe Naut roop ick di to 147
Karfriedag 148
Dat Körn för sick mott stiärwen 150
Paosken 151
16. Mai: Johannes Nepomuk 152
Pingsten 154
Pingsterlöchtung 156
Hill'ge Geist, spend mi dien Lecht 157
Gott's Geist dörwirkt dat ganze All 158
Du hill'ge Geist, komm up us daal 159
29. Juni: Peter un Paul 160
9. September: Maria Euthymia 162
Hiärwstwallfahrten 164
13. September: Tobias 166
24. Sepember: Lambertus 167
11. November: Sankt Martin 168
Ick gaoh mit miene Latüchte 169
30. November: Andreas 171
Allehill'gen un Allesiälen 173
Wi sind bloß Gast up Erden 174
Plattdüütske Truerspröök 175
Adé, dat döt oft weh 176
Advent 177
Kündet allen in de Naut 179
To Betlehem geboren 180
Stille Nacht 181
Glücksiäl'g Niejaohr 182
D. V. 183

INHALT

All's mit Sinn to Gottes Ehren 185
För ne sinnige Wiele 186

DE HILLIGE MISSE 187
Eröffnung 188
En Huus vull Glorie wiest sick 188
Allgemeinet Schuldbekenntnis 190
Gloria 191
Wortgottsdenst 193
Eucharistiefier 199
Wat us de Erd hät schonken rieklick 199
Twedde Hauchgebet 201
Hillig, hillig, hillig 202
Kommunion 204
Dienen Heiland, dienen Lehrer 207
In dienen Freed 209
Graute Gott, wi luowet di 210
Müöge de Straote us tesammenbrengen 211

KERKENWACHT 212
Gott to Ehre wat doon, dat is nienich ümsüss 214
Wat de Siäle bruuket 216
Gaoh dienen Patt mit em 217
Still 218

„... er ging hinaus, um zu beten." 219
Gesangsliste 223

„ ... UND SEGNETE SIE"

Ja, Jesus wendete sich nicht nur herzend und scherzend den Kindern zu, sondern er segnete sie (Mk 10, 13–16). Dieser Zusatz schien dem Evangelisten Markus wichtig, denn von jedem Segen geht Heil aus. Fehlt das persönliche Gegenüber, hat das Gebet Segenskräfte. Von jedem Gebet geht Heil und Segen aus.

Das Wort „segnen" berührt in Verbindung mit dem Gebet all das, was wir nicht in der Hand haben. Jeder bleibt ein unzugängliches Geheimnis, jedes Leben kommt von weit her und geht über das hinaus, was wir vor Augen haben. Jeder ist ein unverfügbares Geschöpf. So wie jeder noch so gut geplante Morgen seinen Abend nicht kennt, so bleibt uns Menschen das Leben letztlich ein Rätsel.

Wir sollten aber nicht ohne Ehrfurcht vor diesem Rätsel leben. Hier hilft allein das Gebet mit seiner segensreichen Kraft, die über alle menschlichen Kräfte hinausreicht. Das beinhaltet, wie es durch benedicere, dem Segen, zum Ausdruck kommt, gut denken und sprechen, im Namen Gottes gut wirken. Das was ist, stärken und das was kommen mag, mit Hoffnung und Zuversicht erfüllen. Das kann kein Mensch aus sich heraus. Das geht nur mit Gottes Hilfe durch das Gebet. Es ist durch nichts zu ersetzen.

Heinz Withake (1941 – 2021)

aus: Ders., Sagst du, wie es ist?, Münster 2014, S. 21.

Seht! Sind das nicht alles Galiläer, die hier reden?
… wir hören sie in unseren Sprachen
Gottes große Taten verkünden.

Apg 2, 7; 11

Gottvertruen

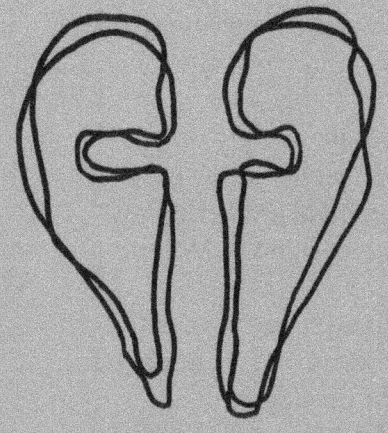

*Wo ju Hiärt is,
dao is all's, wat ji sööket*

Mt 6, 21

Gottvertruen

Dreih üm di sömms di nich bloß rüm;
dat giff licht Swindel un mäck krümm.
Komm to Verstand, besinn di mehr,
statt alltiets Drift met graut Bewehr.

Nich liäben bloß nao Lust un Luun.
Wu wär et met mehr Gottvertruen?
Kiek in de Wulken un schwieg still –
villicht kriss Wind, wat Gott wuohl will …

Vertruu up mehr as Geld un Gut,
söök öfters Inkehr, statt Geluut.
Wi liäwet nu maol, oft verkannt,
met' Affsolude Wand an Wand.

Kloppt wi dao an, vertruensvull,
kriegt wi gewahr, wat mehr noch soll …
Met Andacht un Gebett debi
krempt us dat üm – et mäck us nie.

Et wiest sick us, met Garantie:
Gott is alltiets bi us bi.

Otto Pötter 2015 *(Bewehr – viel Aufhebens machen, um Nichts)*

Laot diene Hölpe bi mi sien

Laot ick di manges auk in' Stich,
seih mi dat nao, verlaot mi nich.
Dräut gar Misere, Naut un Pien,
laot diene Hölpe bi mi sien.

Ick gaoh et oft äs Schlingel an.
Mien köppske Ick vergett di dann
un meint, et göng auk ohne di.
Jüst dann bis du mi vis à vis.

Doo ick et flietig noch so fix,
ohne di is't alle nix.
Wat wär antlest ick ohne di?
Drüm bitte ick: Sie bi mi bi.

So lichtet sick up maol de Schlier.
Hiärt un Siäl gesundet wier.
Statt Wichtigdoon bitt ick nu fien:
Laot diene Hölpe bi mi sien.

T: Otto Pötter 2020

Besiäle use Welt

Wat düüster is, dat maak wier hell,
maak lieke wier, wat häff ne Dell'.

Wat rein nich is, dat waschke blank.
Wat düörstig is, dat spende Drank.

Dat Drüüge maake frisk wier natt.
Un all de hungert, maake satt.

De nich mehr könnt, griep unner'n Arm.
Wat allto kaolt is, maake warm.

Besiäl met Wäörmte use Welt
un wies us dat, wat wäss un hölt.

T: nach der Pfingstsequenz „Veni Sancte Spiritus" aus dem 13. Jahrhundert

So lött et sick beeden

Wenn ji beedet, so maaket dao kien Gedoo üm. Spriäket nich wiesklook debi herüm. Well dao vull von küert, de sall leiwer in sick gaohn.

Mt 6, 7

Wenn du beedes, dann sie still; gaoh in diene Kamer, kniep de Döör achter di to un komm erst es lück to di. Dann stüer sacht up den geistigen Patt an, nemm Kontakt up to Gott, de di Guedes will. He kümp all up di to, lustert up di un lött di met dien Bewehr *(Anliegen)* nich alleene.

Matt 6, 6

Biddet, so krieg ji et; sööket, un ji finnet et; kloppet an, un de Döör geiht för ju up.

Lk 11, 9

Gleiwt et: All's, ümdat ji van Hiärten beedet, kümp bitieten up ju to.

Mk 11, 24

Ji mött' mit Gott in Kontakt bliewen; drüm laot' met dat Beeden nich nao, vergeewet ju un vergiätt' dat Danken nich.

Kol 4, 2

In Naomen von us Vaa,
sienen Süöhn un den Hilligen Geist,
Amen.

Vull Andacht will wi beeden

Vull Andacht will wi beeden
to Gott, de us annemmt.
Up dat et lecht kann werden,
un Siägenskraft us lenkt.

Ps 117

M: „Laudate omnes gentes", J. Berthier (1923–1994), © Ateliers et Presses de Taizé, 71250 Taizé, Frankreich. T: Otto Pötter 2020

An Gottes Siägen
is all's geliägen

*Et siägne us Gott,
up dat alle Welt em ehret.*

Ps 67, 8

Gott is use Huopnung.
He müöge us Freed un Freude geewen
dör usen Glooven;
Huopnung, Freed un Freud',
de us uprichtet,
kraft sienen Hilligen Geist.

Röm 15, 13

Miene Huopnung, miene Freude

Miene Huopnung, miene Freude,
miene Kraft, de nix anficht.
Christus miene Toversicht,
up di vertruu ick, et schreckt mi nix.
Up di vertruu ick, et schreckt mi nix.

Jes 12, 12

M: „Meine Hoffnung, meine Freude", J. Berthier (1923–1994), © Ateliers et Presses de Taizé, 71250 Taizé, Frankreich, Üb: Otto Pötter 2020

Vör Tieten spröök Gott so to Abraham

Haoll mi guet in' Blick;
denn ick stüer di in dat Land,
dat ick di wiese.
Du sass 'n Siägen sien.
Alle, de bi di sind un nao di kommet,
sind inladet,
met in dat Geluowte Land to trecken,
wo, samt Melk un Honnig,
genoog för alle dao is
un ji all's finnet, wat gedeihlick is för ju.
Denn ick meine et guet met ju.
Drüm sall up ju mien Siägen sien,
un dat, gar mehr noch,
up alle Geschlechter för alle Tiet.

Gen 12, 1 ff.

SiÄGNEN

Siägnen, dat hett,
de Hand up wat leggen un säggen:
Wat auk is, vertruu derup,
dat Gott di nich links liggen lött;
he häff di gern.
Wat auk is, bi Gott finnest du alltiets Hölpe,
Toversicht un Ruhe.
Gleiw mi dat;
denn auk ick mein et guet met di.

Ji sind et,
de up dat achten sollt, wat Siägen brenget;
drüm siägnet ju alltiets wier
un doot nix, wat dat Guede nich achtet.

1 Petr 3, 9

Gott, in diene Hände
lech ick Anfang un Ende,
lech ick alles –
nich bloß „im Falle eines Falles"…

Fest sall mien Dööpbund alltiets staohn

1   Fest sall mien Dööpbund alltiets staohn,
ick will as Christ fromm liäben.
Drüm will ick gern nao Kerke gaohn
un eenst in Huopnung stiärben.

Kv Ick dank den Herrn, de mi uut Gnad
dör siene Kerk giff gueden Rat;
ick will dao gern up hören.

2   Dien Liäben sall mi Biespiell sien,
nemm du mi an de Hande.
Christkönnig maak de Siäl mi fien,
dat ick nich end' in Schande.

Kv Ick dank den Herrn ...

3   So will ick beeden, bidden di,
üm Toversicht up Erden.
Christkönnig bitte, blief bi mi,
dann kann ick glücklich werden.

Kv Ick dank den Herrn ...

M: „Fest soll mein Taufbund immer stehn" Chrysanth Joseph Bierbaum 1826, T: Christoph Berhnard Verspoell 1810, Üb: Otto Pötter 2020

AN GOTTES SIÄGEN IS ALL'S GELIÄGEN

Man kann villicht auk ohne Gott liäwen,
aower mit em liäwt et sick biätter.
So bliff sick auk alles wuohl liek,
aower all's lieket sick dör den Glooven
glieks änners.

Otto Pötter

Gebode un Grundgebede

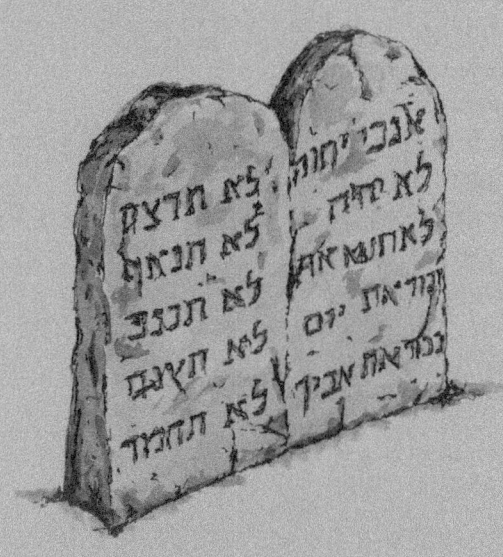

*Gott's Gebode will ick ehren
un alltiets achten sien Geleit.*

Ps 119, 10—12

Dat Vaderunser

Vader use in' Hiemmel,
gehilligt sie dien Naome.
Dien Riek komme.
Dien Raotschluss sall gellen,
wu in' Hiemmel
so auk up Erden.
Use täglick Braut
giff us vandage.
Un vergeew us use Schuld,
wu auk wi willt vergeewen
use Schuldner.
un führe us nich in Verlockung,
sönnern erlüöse us
von alls, wat böös is.
Denn dien is dat Riek,
un de Kraft
un de Herrlichkeit
in Ewigkeit
Amen.

Üb: Otto Pötter 2018

De Teihn Gebode up Platt

Ick sin dien Gott, dien Schutz un Schild,
drüm achte guet, wat alltiets gilt,
so is auk di et guet tomode,
mit düsse, Miene Teihn Gebode:

1. Vergötter kiene Macht der Welt;
laot trü mi di to Siete staohn.
Ick sin dien Gott, de to di hölt,
mit mi döss nienich unnergaohn.

2. Haoll, wat mi tokömmt, hauch in Ehr
un achte alltiets mienen Namen.
Ick staoh di bi, staoh di to Wehr,
spriäk du daoto dien Amen.

3. Verrenn di nich, heel wahn, malatt,
in Arbeit, Stress orre Klimbim.
Doo auk för diene Siäle wat,
drüm sie de Sunndag di Gewinn.

4. Ehre dankbar Vaa un Muor,
in' Öller laot se nich in' Stich.
Häb fröndlick di un sie nich daor *(töricht)*.
Achtet ju un striet' ju nich.

5. Haolle an di, nienich morde;
all's wat liäft is't Liäben gönnt.
Doch wahr di auk vör sücke Worde,
de ännere vernichten könnt.

6. Briäke nich den Ehebund,
laot lodderig di nimmer gaohn.
Befasse di auk nich mit Schund,
wu könn man süss noch uprecht gaohn?

7. Laot liggen, wat di nich gehört;
denn Klauen brengt nich eenen Glück.
Auk Schrappen ohne Rücksicht stört,
un mäck kaputt bloß, Stück för Stück.

8. Dien Wort sall ehrlick sien un klaor,
nich ächten rüm, dat mäck nich froh.
Drüm säch bloß dat, wat auk is waohr,
süss haoll di trüch, is biätter so.

9. Begehrlichkeit erfüllet nich.
De Giez stött aff, kennt kien' Manier.
Well nich genoog in' Halse krich,
verdriff dat Glück dör siene Gier.

10. Nich all's wat Lust mäck, mäck auk froh.
Wahr di vör Sodom un Gomorra.
Drüm säch ick düütlick et hier so:
Ora et labora.

T: Otto Pötter 2012

De „fremden Sünden"

Well to ne Sünde anstiftet un hisset
Well bi Sündhaftet helpet un mitdött
Well Sünde gar noch dicke mäck

1 Tim 5, 22; Eph 5, 11

De *Sünde* sundert aff; nich bloß dör dat, wat wi doot, sönnern iämso auk dör dat, wat wi bitieten nich doot un us en schlecht Gewietten mäck. Sündhaftet düch denn auk in sick all nix; et mäck us fremd vör us söwwst un jäch us von Gott wech. Immer dräuet *(droht)* dann Unglück statt Glück.

De seewen Laster

Hoffart *(Stolz – Superbia)*
Giez *(Geiz – Avaritia)*
Missgunst *(Neid – Invidia)*
Dullkopptigkeit *(Zorn – Ira)*
Schamluosigkeit *(Wolllust – Luxura)*
Prassen *(Völlerei – Gula)*
Fuulheit un Missmoot *(Trägheit, Überdruss – Acedia)*

De Laster keggenüöwer staohet de Tugenden, also dat wat düch *(taugt)*. Dao sollen wi nao kieken un bi so wat guede Beliäfnisse maaken, üm nich up en Biesterpatt in de Irre to gelangen. Wat dann aower eenzig noch helpet is Ümkehr.

DE GÖTTLICKEN TUGENDEN

Gloove
Huopnung
Leew

1 Kor 13, 13

DE VEER KARDINALTUGENDEN

Liärnsinnigkeet   *(Klugheit – Besonnenheit)*
Rechtwilligkeet   *(Gerechtigkeit – Aufrichtigkeit)*
Traute   *(Tapferkeit – Zivilcourage)*
Maot   *(Mäßigung, Ausgewogenheit – Disziplin)*

Nao Thomas von Aquin 1225–1274

DE SEEWEN HILLIG-GEIST-GAWEN

Gelehrtheit *(Weisheit)*
Insicht *(Selbsterkenntnis)*
Raotslag *(Rat, Empfehlung)*
Naodenklichkeet *(Erkenntnis)*
Contenance *(Selbstbeherrschung, Stärke)*
Demoot *(Respekt, t)*
Ehrfurcht *(Achtsamkeit, Heilsgewissheit)*

Röm 12, 6–8; 1 Kor 12, 8–10; 1 Petr 4, 10–11

Dat naodenklicke Vaderunser

Wu kann ick „*Vaa*" säggen,
wenn mi Gott in mien Liäben egaol is un ick
mi vör annere nich es maol to em bekenne?

Wu kann ick „*use*" säggen,
wenn mi Christglööwige äs „Gutmensken"
happig sind, ick sömms aower män so mitlaupe?

Wu kann ick „*in' Hiemmel*" säggen,
wenn mi Stille un Gebet fremd worden sind
un mi et mehr nao weltlicks Werk lüstet?

Wu kann ick „*dienen Naomen hilligen*" säggen,
wenn mi Gott oft lästig is?

Wu kann ick „*dien Riek*" verhoffen,
wenn ick bloß up eegen Riektum spitz bin?

Wu kann ick von „*dienen Raotschluss*" spriäken,
wenn et opsternösk *(hartköpfig, eigenwillig)*
an leiwsten nao mienen Kopp gaohn sall?

Wu kann ick „*in' Hiemmel, so auk up Erden*" säggen,
wenn Eegenbelang mi wichtiger is, äs Natur
un Schöpfung?

Wu kann ick üm „*Braut (un Iätten) för alle Dage*" bitten,
wenn ick minnachtig mit Viktualien ümgaoh

un et mi för dat rechte Mitgeföhl för Hunger
un Elend in de Welt feihlt?

Wu kann ick üm *„Schuld un Vergeewung"* bitten,
wenn ick söwwst mit annere in Striet ligge?

Wu kann ick drüm bitten, mi *„Führung un Leit in Verlockung to gewen"*, wenn ick mi von mien anner Verlangen mehr driewen laot?

Wu kann ick di bitten, mi von *„dat Büöse"* to erlüösen, wenn ick mien eegen Dullkopp nich Herr werden kann?

Wu kann ick *„Amen"* säggen,
wenn mi ansüss dien „Riek", diene „Kraft"
un diene „Herrlichkeit" egaol sind?

DE SIÄLIGPRIESUNGEN

1 As Jesus all dat Volk söhg, göng he lück bergan un sett'e sick daal – siene Jünger üm em herüm.
2 He nöhm düütlicke Worde un spröök:
3 Siälig sind sücke, de nich bloß klook in de Welt rümblaoset, daoför aower van Hiärten met Sinn un Verstand dat Rechte doot, denn för sücke wochtet de Hiemmel.

4 Siälig sind, de Leed un Pien üm Gott's Willen driäget, denn se sollet Kraft un Traust kriegen.
5 Siälig sind de Sachtmöödigen, denn se krieget all's up Erden, wat an Gott's Leew iähr tokömmt.
6 Siälig sind, de smachtet un düörstet üm de Gerechtigkeit willen, denn se sollt satt werden.
7 Siälig sind de Barmherzigen, denn se söwwst werdet barmherzig annommen.
8 Siälig sind sücke mit 'n reinet Hiärt, denn se krieget Gott in Glanz un Herrlichkeit gewahr.
9 Siälig sind all de Verdriäglicken, denn se werdet in Glück un Freed as Kinner Gottes laupen.
10 Siälig sind, ächter de se üm de Gerechtigkeit willen her sind, denn up iähr wochtet de himmliske Herrlichkeit.
11 Siälig sin ji, wenn Mensken ju üm mientwiägen links liggen laotet orre villicht gar piesacket; siälig, wenn ji ju nich unnerkriegen laot' un standhaft bliewet. Ick sin alltiets bi ju.
12 Sied toversichtlick un gueden Moots; in' Hiemmel wochtet rieklick Lauhn up ju. Denn iämso äs ju göng et auk all alle de Propheten, de sick keggen Schalaier *(üble, hinterhältige Charakter)* **Laigenbüüls** *(Lügner, Verräter)* un Menskenquiäler wierkrempen mossen *(widersetzen mussten)*, ümdat in de leepe *(verwerflich, lasterhaft)* Welt Gott un sien Heil to Gehör kamen.

Mt 5, 1–12

De seewen lieflicken Barmherzigkeitswerke

Hungerleider beköstigen
Düörstige wat to Drinken offereeren
Fremdlännske beherbergen
Landstriekers en Dack üöwer'n Kopp gewähren
Kranke besööken un Aolle helpen
Arrestanten bistaohn
De lesste Ehre achtend, Daude bisetten

De seewen geistigen Barmherzigkeitswerke

Irre dat Rechte wiesen
Sturköppe up de Sprünge helpen
Swattkiekers un Wirrköppe recht rao'n;
Keggen Verschwörungstheorien angaohn
Bedrüöwte sick annemmen
Sünner uprichten un uplichten
Quiälgeisters up Vordermann brengen
För Liäwende un Daude beeden

Komm, du Heiland von us all

1 Komm, du Heiland von us all;
Menskensüöhn doo us di kund.
Wat wi bruukt is nie'en Drall,
Hiärt un Siälen sind us wund.

2 Wi bruukt Insicht, Ümkehr, Sinn,
Wietblick, Demoot, Gottvertrue'n;
Mitgeföhl auk, nich to minn –
un all dat nich bloß so nao Luun …

3 Welt un Schöpfung geiht et leep;
wat wi doot, is nich egal.
Fallen sind wi all, heel deep;
ohne di geiht' mit us daal.

4 Komm, du Heiland von us all,
dat wi ehrfurchtsvoller liäwt.
Un nich dulldriest kommt to Fall,
nich in Wahn un Ohnmacht stiärwt.

„Komm, du Heiland aller Welt", T: n. Ambrosius v. Mailand (339–397)
M: Martin Luther 1524, Üb: Otto Pötter 2020

Dat Apostoolske Gloovensbekenntnis

Ick gloove an Gott,
den Vaa, den Allmächtigen,
de Hiemmel un Erde möök,
un an Jesus Christus,
sienen enzig booren Süöhn, usen Herrn,
hier us doon dör den Hilligen Geist,
geboren von de Jungfrau Maria,
de lieden moss unner Pontius Pilatus,
krüüßigt, stuorben un unner Erden kommen is,
daale steeg int Daudenriek,
an' deerden Dag von de Dauden
aower wier upstaohn is,
upstieggen in Hiemmelshöchten;
he sitt to de Rechten von Gott,
den allmächtigen Vaa;
von dao her wäd he kommen,
to richten de Lebennigen un de Dauden.
Ick gloove an den Hilligen Geist,
de hillige katholske Kerke,
Gemeeschop von de Hilligen,
Naolaot von us Sünden,
Uprichtung von de Dauden
un dat ew'ge Liäben.
Amen.

Dat graute Gloovensbekenntnis

Wi gloovet an den eenen Gott,
den Vaa, den Allmächt'gen, de all's maaket hät,
Hiemmel un Erde,
de Welt, de wi seihn könnt un de unsichtbare.

Un an den eenen Herren Jesus Christus,
Gott's einzig booren Süöhn,
uut den Vaa geboren vör alle Tiet:
Gott von Gott, Lecht von Lecht,
wahre Gott von' wahren Gott,
getüüget, nich maaket,
wesensliek mit den Vaa;
dör em wuorde all's maaket.
För us Mensken un to use Heil kam he van en Hiemmel,
nöhm mensklick Gestalt an dör den Hilligen Geist
von de Jungfrau Maria
un is Mensk wuorden.
He is krüüßigt wuorden för us unner Pontius Pilatus,
häff Leed un Pien uuthaollen un is unner Erden kommen,
is den deerden Dag wier upstaohn,
wu et all in de hilligen Bööker stönn,
un upföhrt in' Hiemmel.
He sitt to Rechten bi sien Vaa
un döt wierkommen in Herrlichkeit,
to richten de Lebennigen un de Dauden;
siene Herrschaft währet ohne Ende.

Wi glööwet an den Hilligen Geist,
de Baas us is un lebennig mäck,

de heelmaol uut den Vaa un den Süöhn is,
de mit den Vaa un den Süöhn anbiäd't
un verherrlicht wäd,
de spruoken häff dör de Propheten,
un de eine, hillige, kathoolske un apostoolske Kerke.
Wi bekennet de eene Dööp för Naolaot van us Sünden.
Wi verwochtet use Uprichtung von de Dauden
un dat Liäben in de Welt, de up us tokümp.
Amen.

Ehre sie Gott

Ehre sie den Vaa
un den Süöhn un den Hilligen Geist.
Wu et wör von Anfang an,
so auk nu un in alle Tieten,
bis in Ewigkeit. Amen.

Ave Maria

Wi grüßet di, Maria,
vull von Gnaden,
de Herr is met di.
Prieset bis du unner alle Fraulüe
un prieset is de, den du geboren häs, Jesus.
Hillige Maria, Moder Gottes,
bitte för us Sünder
nu un in use Daudenstunde.
Amen.

Lk 1, 37–45

Siäle Christi, hillige mi

Siäle Christi, hillige mi.
du guede Jesus, höre mi.
Von di laot nimmer scheiden mi.
Vör laighe Fiende schütze mi.
In miene Stiärwestunde roope mi,
üm to di to kommen, winke mi.

Dat auk icke dann
met de Hilligen di priesen kann
för immer un ewig,
in de himmliske Herrlichkeit.
Dat gewähre mi,
Amen.

Mien Hiärt un Siäl verlangt nao di

1 Mien Hiärt un Siäl verlangt nao di,
nao di, du guede Gott.
So es de Sönn den Dag mäck nie,
mäcks Glück du, statt Verdruott.
Di Gott in' Hiemmelsglanz
gebühret Luow un Ehren
dör Christus usen Herren
gehöret wi di ganz.

2 Ick möchte di gehören,
för immer, ganz un gar.
Mi sall dann nix mehr stören,
et is mi all's dann klar.

Drüm siägne all' mien Doon
un löchte uut mien Denken;
so laot ick gern mi lenken,
sing mit di Ton in Ton:

3 To di hen will'k mi wenden,
ansüss leip et licht quer.
Von Anfang bis to Enden
von di kümp allet her;
Vull Demoot bitt ick di,
blief mi alltiets to Siete,
dann häff mien Liäben Wiete,
mit di sin'k froh un frie!

„Aus meines Herzensgrunde", M: David Wolder 1598,
T: Georg Niege 1586, Üb: Otto Pötter 2019

Gott hölt us

*Wenn Gott för us is,
well sall dann keggen us sien?*

Röm 8,31

Psalm 130: Uut deepe Naut roop ick to di

Uut deepe Naut roop ick to di,
mien Gott, hör up mien Roopen!
Dreih mi dien Ohr to,
vernemm mien Flehen.
O Gott, dais du kieken bloß up use Fehl un Tadel,
well könn dann noch vör di bestaohn?
Doch dien Hiärt is grötter, diene Huld ohn Ende;
bi di is Vergewung,
so dat wi nich kaduck,
sönnern piel to di upkieken könnt.
O Gott, du bis mien Een un Alles.
Miene Siäl is vull Verlangen nao di.
Vull Toversicht wochtet miene Siäl
up dien Lecht un diene Wäörmte,
mehr äs den Nachtwächter up den Muorgen.
Ja, mehr äs den Nachtwächter up de Ucht *(Morgenfrühe)*, willt auk wi, so es Israel,
huopen up Gott.
Denn bi em is all's to finden,
wat wi ansüss niärnswo finnet,
Gnade, Erlüösung un dat ewige Heil.
Alleene Gott mäck us frie von Last un Sünde.
em sie alltiets Ehre un Dank.
Amen.

Psalm 23: De guede Hööder

De Herr is mien Hööder,
et sall mi an nix feihlen.
He lött mi ressen in grööne Auen
un wieset mi stille Hööke
met Pütts *(Brunnen)* vull frisk Waater,
wo wohlig all mien Sehnen un Verlangen
to Ruhe kommen kann.
Getrüü sienen Naomen
sin ick borgen in em.
Wäd et auk düüster maol up mienen Patt,
so is mi doch nich bange debi;
denn auk vör Unheil kniep ick nich glieks uut.
Ick sin mi sicher, denn ick säch mi immer:
„Gott, du steihs mi bi, du verlötts mi nich.
Dien Stock un Staff giff mi Haolt,
dien Geleit mi Toversicht."
du deckst so opulent den Disk mi,
dat miene Kontrahenten et nich glöwen könnt.
du lässt et nich es feihlen an fienste Pomaden för Haut
un Haor – un de Glasers gütts du mi vull mit perlfrisken Wien.
Mit Gnade un Huld bis du alltiets üm mi.
Ick weet mi bi gebuorgen bi di,
mien Liäben lang.

GOTT HÖLT US

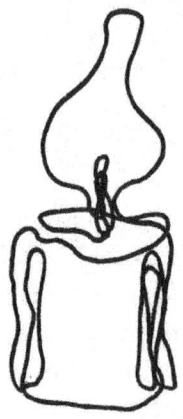

Mien Gott un Vaa, laot dien Lecht mi löchten,
ümdat mi klaor is, wat wüerklick wertig is.
Laot mien Verlangen up dat richtet sien,
wat üöwer mi heruut wieset un unvergänglick is.
Laot mi dat achten un ehren, wat di geföllt
un up Erden Siägen brengt.
Laot mi, bi all mien Denken un Doon,
dat Gebet nich vergiätten.

Jesus, ick vertruu di heelmaol

Da sachs to diene Jünger,
du wolles dien Vaa in' Hiemmel bidden,
dat he us up Erden alltiets bistönn,
dat he us, wat immer auk wäre,
in Trüe fest Geleit gäff.

Joh 14, 16–19

Dao vertrue ick up, dat lött mi nich inknicken.
Dat giff mi Kraft un Toversicht, alle Dage.

Jesus, ick vertruu di heelmaol.

Da saches to diene Jünger,
so, es dien Vaa di gerne härre,
härres auk du us gerne.
Dao könnden wi ganz un gar up an.

Aower auk wi sollen us
met use Denken un Doon daoto bekennen.
De Geboode achten, dat Biäden nich vergiätten,
Naober un Naichste helpen
un met Ümsicht Gott's Schöpfung wahren.
So göngen wi nich unner.

Joh 15, 9–12

Help mi daobi un bliew mi to Sieten; denn
so möch ick liäben, so möch ick stiärben.
Jesus, ick vertruu di heelmaol.

O Jesu, all mien Liäben bis du

1 O Jesu,
all mien Liäben bis du,
ohne di bloß Daut.
Miene Stärke bis du,
ohne di bloß Naut.
Miene Löchte bis du,
ohne di all's fahl.
Miene Freude bis du,
ohne di bloß Qual, o Jesu.

2 O Jesu,
all mien Glooven bis du,
Lecht un Toversicht.
Beste Bistand bis du
bis ant Endgericht.
Mien Verlangen bis du,
Traust un Siäligkeit.
Miene Ruhe bis du,
bis in Ewigkeit, o Jesu.

M: Albert Gereon Stein 1853, Plattdeutsche Textfassung: Otto Pötter 2020, in Anlehnung an Hartwig 1830 und Thurmair 1938

Et kümp de Dag

Et kümp de Dag,
dao bruuk ji mi nix mehr fraogen.
Amen, amen, ick sägge ju:
Üm wat ji Gott in' Hiemmel
auk immer angaoht,
he giff et ju in mienen Naomen gerne.
Dao könn ji sicher up an.
Biddet, un et kümp up ju to.
Wat ji auk denket un doot,
doot et mit Toversicht un Freude.
Et kümp de Dag
un de Freude is mit nix to verglieken.
Drüm jamket un klaget nich, freuet ju!

Joh 16, 23–24

Lebennig Waater

Lebennig Waater
häs du, Jesus, us verspruoken;
Waater, dat frisk un lebennig mäck.
Wem et daonao verlanget,
könn sick an di wenden,
dör Bidde, stille Inbrunst un Gebet.
Ick doo et nu, Jesus.
Maak mi bitte von Grund up
wier frisk un lebennig.

Joh 7, 37–39

Ehre, Luow un Pries

Ehre, Luow un Pries brenget wi to di,
du use guede Gott un Vaa.
Daobi danket wi
för dienen Süöhn Jesus Christus.
Dör em dröww auk wi di usen Vader nömen.
du häs us van Anbeginn
in diene Güte upnommen.
So staoh wi hier up Erden met dienen Siägen unner Jesu Christi Geleit,
ümdat wi met Sinn un Verstand
hilligmäötig liäwet.
Gott, laot us in Jesus Christus,
dör siene Lehre to di gelangen,
in dien göttlick Riek,
wo schier Glücksiäligkeit up us wochtet.

Drüm brenget wi di hier all alle Dage
Ehre, Luow un Pries
un danket di,
du use allmächt'ge Gott.

Eph 1, 3–6

Luowe den Herren

1 Luowe den Herren,
den mächtigen Könnig de Ehren;
luow em, o Siäle,
metsamt all de himmlisken Chöre.
Kommet tohaup,
Psalter un Harpen gar auk,
so dat et alle könnt hören.

2 Luowe den Herren,
de alltiets us schützet un stärket.
De auk dat Lessde
noch giff, auk wenn wi et nich merket.
De us ümsuorgt,
up alle Bidden hen horcht
un us auk immerto stärket.

3 Luowe den Herren,
de all's heelmaol düftig regeeret.
De us uut Güte
dat Guede nie nimmer verwehret.
De us erhölt,
wu et em bestens geföllt,
daorüm is Guets us bescheret.

M: Aus Stralsund 1665, T: Joachim Neander 1680, Üb: Otto Pötter 2020

O Gott, erbarme di

O Gott, erbarme di,
denn du alleen bis use Erlüöser;
eenzig du kanns us wier so henkriegen,
es wi – vull Unschuld – eenst maol wören;
so es use Öllern us vull Leew maol wollen,
so möches auk du us.

Wann, wo un waorüm auk immer wi uutscheerden,
et wör nich guet.
Wi schiämt us daoför
un willt dao nich länger met laupen.
Nemm von us, wat us in de Quere kam
un us daale kreeg.

Giff us Moot un Kraft,
üm van den Biesterpatt afftokommen,
üm ümtokehren up dat Guede hento.
Schenke us dör den Hilligen Geist
'n klaoren Kopp un 'n reuig Hiärt.

Erst dann könn wi et wier guet sien laoten.
Erst dann mäck us nix mehr bange.
Erst dann finnet wi Ruhe wier un Sinn.
Erst dann kann sick use Siäl to di hen lichten.

O Gott, erbarme di,
gewe us dien Geleit.

Gewe Gott, du us, Geleit

Well könn ohne Hölp et all alleen?
Wi alle bruukt wat üm de Been
üm nich to strumpeln, wenn't maol weiht.
Drüm gewe Gott us dien Geleit.

Wu 't richtig geiht un rejell mott,
dat wiese us, du starke Gott.
Stüer us, dat wi up usen Patt
nich liggenbliewet, krank un matt.

Du starke Gott, de düsse Welt
von binnen her tesammenhölt,
du Angelpunkt dör alle Tiet
giff Leit us, is de Weg auk wiet

Ja, gewe Gott, du us, Geleit
un maak up di hen us bereit.
Dann will wi gaohn mit Toversicht,
mit di to Siete, dicht an dicht.

Kommet wi eenst an use End,
schenk Liäben, dat kien Ende kennt.
Führ us, dank Jesu Schmerz un Leid,
int Lecht von diene Herrlichkeit.

Otto Pötter 2016

WELL UNNER GOTTES SCHUTZ FEST STEIHT

1 Well unner Gottes Schutz fest steiht,
in sienen Schatten seeker geiht;
well upt Geleit von Gott klaor kick,
sien Schutz un Hölpe met in' Blick,
de spreck vull Toversicht to'n Herrn:
Nix sall mien Weg to di hen stör'n.
du mien Geleit, mien Schutz un Schild,
mit di to gaohn bin ick gewillt.

2 Well weet, dat Gottes Hand em hölt
un he debi nich daale föllt;
kien Unheil, dat in' Düüstern luert
un man nich irrt, auk wenn't maol schuert;
denn siene Engel, nao Gott's Wort,
passt up em up, an jeden Ort,
ümdat sien Foot an kienen Steen,
sick stött, orre versehrt de Been.

3 Gewiss is, so de Kerk et liährt:
Well an em glöff, bliff unversehrt.
Bi em wi Schutz un Hölpe finn't,
so es de Vader schützt' sien Kind.
So möcht ick gaohn vull Toversicht
an siene Siete dicht an dicht,
dann kann ick uprecht auk guet staohn
un ehrbar dör mien Liäben gaohn.

T: nach Psalm 91, M: Michael Vehe 1537, Üb: Otto Pötter 2020

Gott hölt us

Brengt wi et hier auk noch so wiet,
et is män för ne lütke Tiet.
Eens is up Erden us gewiss:
Nix bliff alltiets so, es et is.

Bloß eener bliff sick liek in allet,
he hölt us auk, wenn deep wi fallet.

Otto Pötter 2008

Gottvertruen

Glooven möcht' ick dao,
wo Klooket is so ganz nich klaor;
wo dat Begriepen wäd to schwuor
un ick as Mensk nich all's verstaoh.

In Demoot weet ick, dat mien Blick
hier nienich all's klaor seihen kann,
doch gleiw ick, dat ick irgendwann,
wiet mehr erkenn, as bloß 'n Stück.

1 Kor 13, 12

So will ick gaohn hier dör mien Liäben
Mit Toversicht und Gottvertruun;
Froh, ohne Bang mit guede Luun –
bis eenes Dags auk ick mott stiärben.

GOTT HÖLT US

Un dann, well weet, ja, irgendwann
sick all's verkläört und all's sick rieget,
wat wi hier nich tostande krieget.
Mi is daovör denn auk nich bang.

So 'n Glööven is wuohl kiene Schann.
Mi schenkt dat Fuck, statt Spöök un Spiet.
Un schinnt et manchs auk schwuor un wiet,
so säch ick mi: „Liekuut, liekan. Ick komm wuohl an."

Otto Pötter 2012

ALLET WÄD GUET

Manchs is dat Liäben bloß schwuor to verstaohn,
dao moss dienen Patt ganz alleen dann so gaohn.
Du fröchs di: Wat sall dat, waorüm mott dat sien?
De Fraoge, se quiält di mit wahne Kopppien.
Un doch helpet de Fraoge alleen daobi nix.
Auk helpet dann nich noch so wiesklooke Tricks.
Du moss dao män dör, off du wills orre nich,
Hauptsaake du sömms lötts di dann nich in' Stich.
Dann doo, wat du doon moss, un is et auk hatt,
bit Wasken wäd immer dat Fell nu maol natt.
Doch bis du wier rein un nich eene mehr murrt,
kanns blitzblank nu säggen:
„Allet wäd guet."

Otto Pötter 2010

Maria

Bi Gott is kien Ding unmüöglick.

Lk 1,37

Siägne du, Maria

1 Siägne du, Maria, us in düsse Tiet,
maak met dienen Siägen, Hiärt un Siäl us wiet.
Siägne use Denken, siägne use Doon;
laot in dienen Siägen, Dag un Nacht us ruh'n –
laot in dienen Siägen, Dag un Nacht us ruh'n.

2 Siägne du, Maria, all' de wi häbt gern.
Schenk us Kraft un Biestand, haoll dat Böse fern.
Diene Modergüte winket us es Gruß;
siägne alle Hiärten, siägne jedet Huus –
siägne alle Hiärten, siägne jedet Huus.

3 Siägne du, Maria, use lesste Stund.
Staoh us trüü to Sieten, doo us Gott dann kund.
Diene Hand laot gewen, siägend us dann Ruh;
Blief in Daut un Liäben, use Siägen, du –
blief in Daut un Liäben, use Siägen, du.

M: Karl Kindsmüller 1916, T: Kordula Schmidt und Cordula Wöhler 1870,
Üb: Otto Pötter 2020

DE ANGELUS

V Gott's Engel brachte Maria de guede Kunde –

A un se kam daomit in änner Umstände
dör den Hilligen Geist.

V Wi grüßet di, Maria,
vull von Gnaden,
de Herr is met di.
Erkoren bis du unner alle Fraulüe
un erkoren is, den du geboren häs,
Jesus, Gottes Süöhn.

A Hillige Maria, Moder Gottes,
bitte för us,
nu un in use Daudenstunde.
Amen.

V Maria sach: Ick sin Magd Gottes,

A dör mi sall kommen, wu et Gott mi häff tosächt.

V Wi grüßet di, Maria, ...

A Hillige Maria, Moder Gottes, ...

V Un dat Wort is Fleesk wuorden

A un häff unner us wuohnt.

V Wi grüßet di, Maria, ...

A Hillige Maria, Moder Gottes, ...

V Bitte för us, o hill'ge Gottesmoder,

A up dat wi würdig werdet för de Verheißungen Christi.

MARIA

V Laot' us biäden. Gott, du Allmächtiger, laot diene Gnade in us upblaihen. Dör de Engelskunde weet wi üm de Menskswerdung Christi, dienen Süöhn. Dör siene Pien an' Krüüß, lenke us nao usen Daut hento up diene göttlicke Herrlichkeit. Daorum biddet wi dör Christus usen Herrn. – Amen.

V Ehre sie den Vaa un den Süöhn
un den Hilligen Geist.

A Wu et wör von Anfang an, so auk nu bis in alle Tieten. Amen.

Magnifikat

Miene Siäle prieset Gott's Grött'e.
Un mien ganze Denken is vull Freude üöwer Gott, mienen Retter.
Denn he keek up dat Lütke von siene Maget.
(das Kleine, von außen gering Geschätzte)
Siälig drüm, von nu an, prieset mi alle Genrassionen.
Denn de Allmächtige häff Grauts an mi daon
un sien Naome is hillig.
He barmet sick von Geschlecht to Geschlecht
üöwer alle, de em achtet.
Met sienen Arm vullbrenget he gewöllige Werke:
He lött scheiden sücke, de meinet, se könnden annere minnachten orre et mit em upnemmen.
He smitt de Menskenquiälers von en Thron
un büört de Gebrechlicken to sick.

De, wecker Hunger quiält, giff he siene Gawen;
de Prassers aower lött he lierig uutgaohn.
He nemmt sick sienen Knecht Israel an
un is vull Erbarmen.
Dat häff he use Ahnen tobracht,
Abraham metsamt sienen Naolaot up ewig.

Lk 1, 46–55

Salve Regina

Wi grüßet di, o Könnigin,
Moder vull Barmherzigkeit,
use Liäben, use Wonne, use Huopnung grüßet wi.
To di roopet wi, verbannde Kinner Evas;
to di biddet wi grienend uut Träönendeepte.
Wuohlan denn, use Fürspriäkerin,
wende us diene barmherzigen Aogen to;
un nao all dat Elend wiese us Jesus, de haucherkorene
Liewesfrucht.
O du heelmaol guede, metföhlende un
grautherzige Jungfrau, Maria!

V Bitte för us, o hill'ge Gottsmoder.

A Up dat würdig wi werdet för de
Verheißungen Christi.

MARIA

Unner dienen Schutz un Schirm

Unner dienen Schutz un Schirm
berget wi us, du guede Gottsmoder.
Üöwerhör in use Naut nich use Bidden un Flehn,
sönnern help us uut alle Bedrängnis un Gefahren.
O du gloriose Frau,
use Mittlerin, use Fürspriäkerin,
bitte för us bi dienen Süöhn,
versüöhne us met dienen Süöhn
un stell us vör dienen Süöhn.
Höre use Flehen –
o guede Moder, erhöre us. Amen.

Help, Maria, et is Tiet

Help, Maria, et is Tiet
Helpe, denn dien Hiärt is wiet.

Eenzig du kanns us uut Ketten
von Angst un Drangsal hier noch retten.
Du kanns un döss nich use Flehen
üöwerhör'n bi dat Geschehen.
Denn du bis auk noch Hölpe dann,
wenn süss kieneen mehr helpen kann,
Is Menskenmüöglicket to End',
bis du et, de noch Stärkung kennt.
Du bis 't alleen, up de wi baut,
drüm helpe us uut use Naut.

Help, Maria, et is Tiet.
Helpe, denn dien Hiärt is wiet.

Du guede Gottsmoder, bitte erhöre mi

Gedenke, o guede Moder Maria:

Et is nie noch nich hört wuorden, dat eener,
de to di häff siene Toflucht nommen,
diene Hölp häff anroopen
un üm diene Fürbitt flehet häff,
von di is verlaoten wuorden.

Von so 'n Vertruen besiält,
nemm ick miene Toflucht to di,
o Moder van alle Moders.
To di komme ick un vör di staohe ick,
klagend, äs arme Siäl.

O du Moder de ewigen Worde,
verschmäh miene Worde nich;
luster gedüllig up mien Bidden un Flehen.
Ick bitte di, erhöre mi!

Nao Bernhard von Clairvaux (1090–1153)

MARIA

Jungfrau, Moder Goddes mien

Jungfrau, Moder Goddes mien,
laot mi ganz dien eegen sien.
Dien in' Liäben un in Daut,
dien in Unglück, Angst un Naut.
Dien in' Krüüß un leepe Pien;
dien up ewig möcht ick sien.
Jungfrau, Moder Goddes mien,
laot mi ganz dien eegen sien.

Moder, up di huop un baue ick.
Moder, to di roop un bitte ick.
Moder, du Güüt'ge staoh mi bi.
Moder, so komm un bliewe bi mi.

O Moder, komm an, help biäden mi.
O Moder, komm an, help fechten mi.
O Moder, komm an, help dulden mi.
O Moder, komm an, un bliew bi mi.

Du kanns mi ja helpen, du Mächtige.
Du wills mi auk helpen, du Gnädige.
Du moss mi auk helpen, du Trüeste.
Du döss mi auk helpen, Barmherzige.

O Moder vull Gnaden, us Christen Hort.
Du Toflucht der Sünder, bi Hölpe de Port.
Du Huopnung up Erden, in' Hiemmel de Zier.
Du Schutz in Bedrängnis, du Schutzpanier.

Well hät ümsüss je üm Hölp bi di fleht?
Wann härres vergiätten du, kindlick Gebet?
Drüm fleh ick beharrlick,
auk wenn 'k viellicht triez:
Maria helpt immer, se helpet alltiets!

Ick roop vull Vertrue'n, wenn daal et mi haut:
Maria helpt immer, in jeglicke Naut.
So glööv ick un liäw ick, bis daut ick maol bin:
Maria helpt mi bis in' Hiemmel harin.

Jungfrau, Moder Goddes mien,
laot mi ganz dien eegen sien.
Dien in' Liäben un in Daut,
dien in Unglück, Angst un Naut.
Dien in' Krüüß un leepe Pien,
dien up ewig möcht ick sien.
Jungfrau, Moder Goddes mien,
laot mi ganz dien eegen sien.

Freu di, du Hiemmelskönnigin

1 Freu di, du Hiemmelskönnigin, freu di, Maria!
Pien, Qual un Leed sind nu dehen, Halleluja.
Bitt Gott för us, Maria.

2 Den du droffs driägen in de Welt, freu di Maria!
De us erlüöset hät un hölt, Halleluja.
Bitt Gott för us, Maria.

3 Christus is upstaohn nao sien' Daut, freu di Maria!
So bliff antlest nich Pien, nich Naut, Halleluja.
Bitt Gott för us, Maria.

4 Up dien Süöhn Jesus is Verlaot, freu di, Maria!
Dat he auk us führet to Gott, Halleluja.
Bitt Gott för us Maria.

T: und M: aus Konstanz 1600, Üb: Otto Pötter 2020

Siägne, Moder Goddes us

Siägne, Moder Goddes us
un staoh us bi in use Liäbens Ölbergstunden;
verbinde use Wunden.

Siägne, Moder Goddes us,
wenn wi nich willt un könnet mehr;
sie Hölp us dann, staoh us to Wehr.

Siägne Moder Goddes us;
in use Naut un Pien;
laot us dann eenfach bi di sien.
Amen.

Maria sie Dank

Sinnfüllig kann de Mensk erst liäben, wenn he vull is von Gottes Sinn. Et is so es met en Humpen *(Becher)*; auk 'n Humpen häff erst Sinn, wenn dao wat Guets in is. He is daoför ja maaket wuorden! In Jesus Christus löchtede us Mensken de rechte Sinnfülle up, so to liäben, dat Gott dör us de Welt uprichten kann! Drüm kloppte he dör sienen Engel eenes Dages bi Maria an, üm hier up Erden för ne Tiet as Mensk mit us Mensken to liäben un us to wiesen, wat gottgefällig is.

Un Maria möök em up. Dat brachte göttlick Liäben in use Welt. O hillige Maria, Danke!

Leonardo Boff

MARIA

Sächt an, well is doch düsse

1 Sächt an, well is doch düsse,
de hiemmelhauch dao straohlt,
us kund döt Hiemmelsgrüße,
us Moot will sien un Haolt?
Se kömmet daal von Ferne,
wo se schmückt Maond un Sterne,
is Glanz, von Gott gewollt.

2 Se is de schönste Rose,
besönners uuterkor'n.
As Frau, de makelluose
Gott's Moder is se wuor'n.
Se giff us in de Kerke,
wenn't grummelt, Kraft un Stärke,
is Haolt, von Gott gewollt.

3 Drüm beiget wi de Kneie
in Demoot vör iähr gern,
so dat de Gloov us freue,
dann sin wi iähr nich fern.
Se is us eenzig, allet,
hölt us, dat wi nich fallet;
is Haolt, von Gott gewollt.

M: Joseph Clauder 1631, T: Johannes Khuen 1638 und Guido Maria Drewes 1885, Üb: Otto Pötter 2020

Fatimagebet

O Jesus, sie us gnädig. Laot us nich in Sünd un Schuld unnergaohn. Bewahre us vör geföhrlicke Deepten, dat et nich met us daale geiht. Richte us daokeggen up un wiese us, wu wi up Erden den Hiemmel naihger kommen könnt. Staoh us alltiets to Sieten, un helpe besönners sücke, de diene Hölpe nu jüst extra naidig häbet. Amen.

Wende, o gnädige Modder du, diene barmherzigen Augen us to

So hett et in dat Eggeroder Wallfahrtslied. Wu oft häbt se dat nich wuohl all üöwer Jaohrhunnerde „de Himmelskönnigin to Ehren" sungen? Nich mehr to tellen in Eggerode, all de frommen Pilger to Ehren „Unserer Lieben Frau vom Himmelreich".

Niäben Telgte is Eggerode in et Mönsterland mit dat öllste un schönste „Kleinod christlicher Volksfrömmigkeit". Un dat all siet 1300.

Daobi is de Kerk „Maria Geburt" noch wiet vörher, 1151, baut wuorden. Wuvull Gloovenskraft, Vertruen, Toversicht un Freude geiht auk för us dao vandage noch van uut?

Doch dat nich bloß in Eggerode bi use „Liebe Frau vom Himmelreich". Auk in Telgte orre Bethen äs „Schmerzhafte Mutter", in Kevelaer äs „Trösterin der Betrübten", in Marienbaum äs „Zuflucht der Sünder" in Ginderich äs „Königin des Friedens" orre wo auk immer, bis wiethen in Fatima, Lourdes oder in Mexiko äs de Moder von „Guadalupe"; Mutter Maria is Toflucht un Hölpe wann un wo auk immer.

Weltwiet rüöhrt de guede Frau uut Nazareth Hiärt un Siäl van us Mensken. Bi wat un wu auk immer, immer könnet wi us an Maria wenden. Se wieset us nich aff, se lichtet us Hiärt un Siäl.

Ich sehe dich in tausend Bildern,
Maria, lieblich ausgedrückt,
doch keins von allen kann dich schildern,
wie meine Seele dich erblickt.

Novalis (1772–1801)

Schilt nicht, ich kann nicht beten.
Ich will nur im Vorübergehn
an deine Stufen treten
und deine Augen sehn.
Mit Kerzen und mit Kränzen
bist du vertrauensvoll geschmückt;
es ist ein reines Glänzen
um dich, das innig mich beglückt.

Hermann Hesse (1877–1962)

Wunnerschön prächtige

1 Wunnerschön prächtige
leiwe un mächtige,
helpriek, glücksiälige himmschliske Frau.
Wekke up ewig ick
di häw ick gern in' Blick,
mi di mit Hiärt un mit Siäle vertrau.
Blief mi to Siete,
in Naicht un Wiete,
allet, ja allet, wat immer ick sin,
geew ick mit Freuden, Maria, di hen.

2 Du bis ganz Hölpe mi,
nimmer verläss du mi.
Du bis holdsiälig, du himmliske Frau.
Nich een' so is es du,
du giffs mi Kraft un Ruh
du giffs mi Hölpe grautherzig un gau.
Du döss mi driägen
in Naut mit Siägen.
Allet, ja allet, wat immer ick sin,
gieff ick mit Freuden, Maria, di hen.

M: Aus des Knaben Wunderhorn 1808, T: Laurentius von Schnüffis 1692,
Üb: Otto Pötter 2020

MARIA KNÖPP DEN MANTEL UP

1 Maria knöpp den Mantel up,
maak Schirm un Schild för us derut.
Laot us us geschützt darunner staohn,
bis alle Drangsal is vergaohn.
Du guede Frau vull Güte,
us alltiets guet behüte.

2 Maria laot us bi di bi.
Dat nemmet Angst un mäck wier frie.
Dat giff us Toversicht un Moot,
bis dat wi söwwst et gern wier doot.
Du guede Frau vull Güte,
us alltiets guet behüte.

3 Maria help de Christenheit,
uut Sünd un Schand giff us Geleit,
ümdat et uprecht geiht met us
un Freud un Heil guet is in Fluss.
Du guede Frau vull Güte,
us alltiets guet behüte.

M. Joseph Mohr (1834-1892), T: nach Liedflugschrift, Innsbruck 1640,
Üb: Otto Pötter 2022

De Rausenkranz

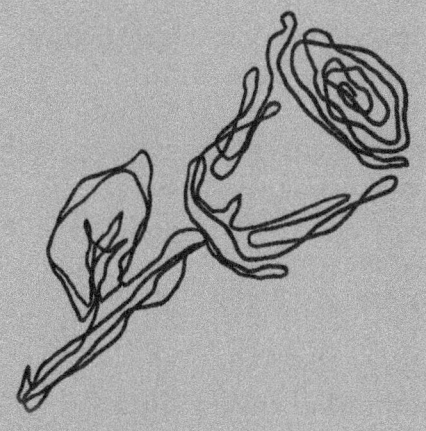

Maria's Süöhn

Mk 6,3

DE RAUSENKRANZ

Der Rosenkranz ist eine sehr alte Gebetsweise. Wer damit nicht ganz vertraut ist oder diese alten Gebetstradition neu entdecken möchte, findet im Gotteslob unter der Nummer vier eine gut verständliche Erläuterung und praktische Anleitung.

Bi et Krüüß

Krüüßteeken
In Naomen van us Vaa, sienen Süöhn
un den Hilligen Geist. Amen.

Gloovensbekenntnis
Ick gloove an Gott, …   S. 36.

Vaderunser
Vader unser, … S. 26.

Ehre sie Gott
Ehre sie den Vaa un den Süöhn
un den Hilligen Geist.
Wu et wör von Anfang an, so auk nu un in alle Tieten,
bis in Ewigkeit. Amen.

De ersten dree Perlen
Wi grüßet di, Maria,
vull von Gnaden,
de Herr is met di.

Prieset bis du unner alle Fraulüe
un prieset is de, den du geboren häs,

Jesus, well den Glooven in us mehren müöge.

Hillige Maria, Moder Gottes,
bitte för us Sünder,
nu un in use Daudenstunde.
Amen.

Wi grüßet di, Maria, ...

Jesus, well de Huopnung in us stärken müöge

Hillige Maria, ...

Wi grüßet di, Maria, ...

Jesus, de de Leew in us müög löchten laoten

Hillige Maria, ...

Ehre sie Gott, ...

Nun beginnen die Betrachtungen der Rosenkranzgeheimnisse. Eingeleitet werden Sie immer mit einem Vaderunser. Dann wird bei jedem der Gesätze zehn Mal das Wi grüßet di, Maria gebetet, in das immer das Geheimnis eingefügt wird. Ein Gesätz endet immer mit dem Ehre sie Gott.

DE FREUDENRIEKE RAUSENKRANZ

1. den du, o Jungfrau von' Hilligen Geist empfangen häs.
2. den du, o Jungfrau to Lisbeth driägen häs.
3. den du, o Jungfrau in Bethlehem geboren häs.
4. den du, o Jungfrau in' Tempel opfert häs.
5. den du, o Jungfrau in' Tempel wierfunnen häs.

DE TROSTRIEKE RAUSENKRANZ

1. de as Künnig üöwer alles steiht.
2. de dör siene Kerke met us liäwt un wirket.
3. de wierkümp in Herrlichkeit.
4. de eenst richtet üöwer Liäbende un Daude.
5. de eenst all's vullendet.

DE SCHMERZLICKE RAUSENKRANZ

1. de för us Bloot schweet' häff.
2. de för us is geißelt wuorden.
3. de för us met Dörne is krönet wuorden.
4. de för us dat schwuore Krüüß driägen häff.
5. de för us is krüüßigt wuorden.

De gloriose Rausenkranz

1. de von de Dauden upstaohn is.
2. de in' Hiemmel upföhrt is.
3. de us den Hilligen Geist sandt häff.
4. well di, o Jungfrau in' Hiemmel upnommen häff.
5. well di, o Jungfrau, in' Hiemmel krönet häff.

De lichtrieke Rausenkranz

1. de von Johannes dööpet wuorden is.
2. de sick bi de Hochtiet to Kanaa wieset häff.
3. de Gotts Riek verkünnet häff.
4. de hauch to Berge verkläöret wuorden is.
5. de us de Eucharistie schonken häff.

De Hillig-Geist-Rausenkranz

1. de Kopp un Hiärt lichtet, ümdat de Hillige Geist bi us inkehren kann.
2. Jesus, de in us dör den Hilligen Geist Gloove, Huopnung un Leewe wecken will.
3. Jesus, de us dör den Hilligen Geist stärken un up 'n gueden Weg brengen will.
4. Jesus, de us dör den Hilligen Geist dör Demoot, Leew un Toversicht hilligen will.
5. Jesus, de met us is dör de seewen Gawen van den Hilligen Geist.

DE RAUSENKRANZ

Rausenkranzschluss

Krüüßteeken
In Naomen van us Vaa, sienen Süöhn
un den Hilligen Geist.
Amen.

Rausenkranzperln lieket Magnetstippkes,
man kann se dreihen es man will,
se wennet sick egaol wier
den eenen Pol to.

Otto Pötter

Maiandacht

Miene Siäle prieset Gott's Grött'e.

Lk 1, 46

MAIANDACHT

Zu Beginn

Lied: Wunnerschön prächtige, S. 69.

V Wunnerschön prächtige häw wi sungen, helpriek glücksliäge hiemmliske Frau. Dao gaoht Hiärt un Siäl bi up. Jüst so, wenn wi to Maientiet nao buuten kieket. Et is wier gröön, et blaiht un allerweggen lich Huopnung in de Lucht. Drüm auk is nich ümsüss Maria use Maienkönnigin, Moder Jesu, vull Huopnung, Freude un Glücksiäligkeit, aower auk vull Kraft un Traust in schwuore Tieten. So sin wi hier to Ehren Marias tohaupe kuemmen

V In en Naomen von us Vaa, sienen Süöhn un den Hilligen Geist.

A Amen.

V Ja, du guede Goddesmoder, de wi di met Hiärt un met Siäle vertruut, blief us to Siete, in Naichte un Wiete, ümdat in use Liäben bi all de Wehrerie Freude un Frohsinn nich unnergaoht.

Et is es met de Farwen in' Fröhjaohr. So is auk dat Fröhjaohrsgröön en änner Gröön äs süss. Et geiht mehr Wonne devan uut.

Kieket wi doch es en Momentken üm us, up dat Gröön, dat de Natur us bloß üm düsse Tiet so schenket. Wat geiht us daobi dör?

Moment Ruhe

V   An sovull Schöns, wat alle Dage rieklick för us dao is, häw wi us gewüöhnt, wi kieket de mehrst bloß stump an vörbi. Un doch kann et oft all dör en annern Blick änners werden. Lieket dat nich auk wuohl männig Marienerscheinungen de Jaohrhunnerde dör? Et mött' nich glieks graute Wunners sien, de us ümkrempet, aower well maol in Lourdes wiäsen is, kann betüügen, dat he anners wierkam, as he hengaohn is.

Is auk düsse Art von Wunner met klooke Worde nich spitzfinnig to verkläören, so is et nich minner wunnerbar. Wi bruuket för so wat Symbole, met de wi et biätter tesammenkrieget, wat meint is. Dat Wort *Symbol* wieset äs Wort jä auk up dat Bineenefügen van wichtige Deele hen, de us, erst liekemäotig tesammenfüget, dat wieset, wat us süss nich upgaohn wäre. Also nich dranvörbikieken, sönnern leiwer tweemaol henkieken – un et in sick sacken laoten, dann geiht et deeper. So hett et üöwer Maria bi Lukas:

L   „Maria aber bewahrte alle diese Worte und erwog sie in ihrem Herzen."

Lk 2, 19

V   Genau. So konn et sick bi Maria fügen. Daobi fügede sick bi iähr dat Göttlicke un dat Menslicke tesammen. Se dachde de nich bloß üöwer nao, dat wäre denn auk to flach, nä, dat, worup et ankamm, göng iähr deeper, se löot et wirken. Dat bewiäget dao auk in us Hiärt un Siäle.

Wu anners könnde Gottvertruen riepen? Auk us kann et de Gewissheit schenken: „Bi Gott is kien Ding unmüöglick." Seine Moder wieset us de alltiets up hen. Ja, dao sitt Siägen in. Un üm düssen Siägen dröff wi Maria auk nu hier bidden.

Lied: Siägne du, Maria, S. 56.

V „Siägne du, Maria", so häw wi sungen. Mehr noch: „Schenk us Kraft un Biestand, haoll dat Böse fern". Ja, denn:

L Unner dienen Schutz un Schirm
berget wi us, du guede Goddesmoder.
Üöwerhör in use Naut nich use Bidden un Flehn,
sönnern help us uut alle Bedrängnis un Gefahren.

V Geiht et üm Maria, geiht et üm Vertruen, Schutz un Hölpe. In wecke Gebede un Gesänge auk immer, immer löchtet Kraft un Toversicht deruut, de Gewissheit: Bi Gott is kien Ding unmöglick. Auk hier is us Maria wier Biespiell:

L Maria sach: „Siehe ich bin die Magd des Herrn, Mir geschehe nach deinem Wort. Danach verließ sie der Engel." *(Lk 1,38)*

V Et leit sick auk säggen: „Daomit was et guet." Kien Tamtam, kien Dispelteern, kiene Ümfragen, nich wat sall dat orre wat meins du. Stattdem, ganz eenfach: Ick vertruu. Erst dat lött us auk iähr vertruen. Symbol is de Mantel, samt Schirm un Schild.

MAIANDACHT

Lied: Maria knöpp den Mantel up, S. 70.

V Ja, well härre nich all inknicken konnt, wenn et harre kam? Dat Werk hensmieten, weil man nich mehr kann. Sick villicht aower auk dull affwenden, weil man maol wier bitter anlaupen is. Un doch is bi all dem nich to verkennen, solange wi liäwet, bliew wi vör Bedrängnis nich verschont. Wi könnet bloß bidden:

A Help us uut Bedrängnis un Gefahren.

V Dat is ümso naidiger, weil wi vandage alle meinet, wi können et alleene. Well hölt sick noch an Gott, samt Schutzengel orre Moder Gotts? Doch hett et nich ümsüss: „Wenn Gott maol schüllkoppet, dann üöwer eegenwiese Lüe."

Man kieke sick bloß üm. Offwuohl eenen noch klööker will sien es den ännern, quienet *(klagen, stöhnen)* de Welt. Woran et feihlt, is mehr Demoot. Et wieset sick mehr un mehr: Nich dat wi wat doot is naidig, sönnern mehr noch, *wu* wi et doot. Feihlt et an Demoot, is et mehrst all för de Katt. Ohne Demoot, bliff et kaolt üm us, feihlt et an Gebuorgenheit, bliff Vertruen up de Strecke. Drüm is et mehr äs guet, wenn wi säggen könnt:

A Unner dienen Schutz un Schirm
berget wi us, du guede Goddesmoder.
Üöwerhör in use Naut nich use Bidden un Flehn,
sönnern help us uut alle Bedrängnis un Gefahren.

V Dat lutt heel änners, äs: „Ick laot mi de nich bi drinküeren." Dann will bloß jedereene för sick Könnig sien un antlest geiht et drunner un drüöwer. Man kieke sick bloß üm: Kriege, Artenstiärwen, Klima- un Umweltkatastrophen, et kann nich laigher. Aower alle häbt se studeert un eener will et noch biätter wietten äs den annern. Doch weil et an Demoot feihlt, kümp de so recht nix bi in de Riege. Wu heel anners, wenn et hett:

A Üöwerhöre nich use Bidden un Flehn,
sönnern help us uut Bedrängnis un Gefahren.

V Dat giff Schutz un ne guede Motivation ineens. Denn:

Maria knöpp den Mantel up,
maak Schirm un Schild för us derut.
Laot us igeschützt daorunner staohn,
bis alle Drangsal is vergaohn.
Du guede Frau vull Güte,
us alltiets guet behüte.

V In Demoot vertruuden de Mensken all immer up Schutz un Güte. So es wi hier vandage, daien se et kund met Gebet un Gesang. Dao kümp auk Frohsinn un Freude bi up. Dat is guet so, denn dat lött auk den Sinn för dat Schöne un Glücksiälige nich unnergaohn.

Lied: Sächt an, well is doch düsse, S. 66.

Giff et Schöners, wenn man bekennen kann: „Du bis ganz Hölpe mi, nimmer verläss du mi"? Well so biäden kann, weet auk woför he liäwt. So en Mensk lött sick nich unnerkriegen. Aower nich äs Dullkopp, sönnern in Toversicht un Freude. Drüm biddet wi:

Helpe us un staoh us bi,
du guede Goddesmoder – help auk mi.

Denke hier jedereene nu kuort an dat,
wat em söwwst bewiäget ...

Helpe us un staoh us bi.
Wo immer wi Schutz sööket ...

A Helpe us un staoh us bi.

V Wo et an Kraft un Vertruen feihlt ...

A Helpe us un staoh us bi.

V Bi alle Sorgen ...

A Helpe us un staoh us bi.

V Wo aolle Lüe alleene sind ...

A Helpe us un staoh us bi.

V Wo kranke Lüe sick quiält ...

A Helpe us un staoh us bi.

V Ümdat wi us verdriäget ...

A Helpe us un staoh us bi.

MAIANDACHT

V Up dat de Welt mensliker werdet ...
A Help us un staoh us bi.
V Moder, up di huopt un bauet wi.
  Moder, to di roopt un biddet wi.
  Moder, du Güütige staoh us bi.
  Moder, so komm un bliew bi us bi.
A Help us, o Moder un staoh us bi.
V Du guede Goddesmoder,
  schenke us dien Gottvertruun.

L Liäsung uut dat Johannesevangelium:

An en deerden Dag gaff et in Kana, in Galiläa, ne graute Hochtiet. En Haupen Lüe kam dao tesammen. Jesus un siene Jünger wören auk mit debi, samt siene Moder Maria. Duerde nich lange, dao sach de Moder Jesu: „Et schinnt, de Wien is all uutdrunken." Dao mennde Jesus: „Nu ja, aower eenlicks is för mi de Tiet noch nich kommen, üm dao up miene Art nu wat an to doon. Män wenn dat hier nu eenmaol so is, will ick mi de doch es üm kümmern." De Denstlüe keeken debi up. Dao sach Maria iähr to: „Doot eenfach, wat he ju säch."

För de Reinigungsrituale bi so ne Fier, stönnen dao för dat ganze Volk sess üöwergraute Steenkröge för Waater herüm, de wuohl hunnert Liter pöcken, nu aower so guet es lierig wören. Jesus wiesede up düsse gewölligen Pötte un sach to de Deenstlüe: „Maakt se wier met Waater vull." Dat daien de Handlangers auk glieks.

Se mööken de grauten Steenkröge gar randvull. Dann nickoppede Jesus un gaff iähr Anwiesung, daruut nu för de Festgetränke uuttodeelen. Offwuohl iähr dat wunners wu ankamm, daien se dat auk. Den Huusherr aower wüss sien Wunner gar nich to vertellen, denn wat he nu drünk, wör Wien van de fienste Art. He reip glieks den Brüütigam un rüffelde: „Man kredenzt up so ne Fier erst es den besten Wien un, wenn se alle all guet drunken häbt, dann kann et auk en änneren noch wuohl doon. Du aower döss et hier ümgekehrt. Vull to schade so wat! Is bloß to huopen, dat de Gäste düssen heelmaol fienen Wien auk noch to schätzen weet'."

So dai Jesus dao up de Hochtiet to Kana sien erste Teeken un möök de Welt up düsse Art un Wiese Gottes Herrlichkeit kund. Siene Jünger truuden em un iähr Glooven möök iähr Freude.

Joh 2, 1–11

Moment Ruhe

V Hier wieset sick es maol wier, dat et met usen Glooven gar nich immer so ernst un drööge togaohn mott. Freude gehört deto, süss stimmt wat nich! Nich ümsüss kennet wi in de Marienverehrung jä auk den freudenrieken Rausenkranz.

Antlest will ick nu aower auk dat noch säggen: Wat mi för mienen Glooven allemaol anspreck, dat is Marias Raot: „Wat he ju säch, dat doot!" Daoruut spreck all's, wat sick üöwer Maria säggen lött. Man könn säggen: „Briäket ju doch nich de Köppe

uuteneene! Doot doch eenfach dat, wat he ju säch."
Mehr nich. Dann wäd et guet. Dann wäd uut Waater
gar Wien, uut Verdrott friske Huopnung.

Lied: Miene Huopnung, miene Freude, S. 20.

V So laot' us antlest nu auk noch alle biäden:

A Wi grüßet di, Maria,
du bis vull von Gnaden,
de Herr is met di.
Erkoren bis du unner alle Fraulüe
un erkoren is, den du geboren häs,
Jesus, Gottes Süöhn.
Hillige Maria, Moder Gottes,
bitte för us, nu un in use Daudenstunde.
Amen.

Alltiets met Andacht

Ganz nao siene Gewuohnheit kneide
Daniel dreemaol den Dag daale,
üm sien Gebet un Luowpries
Gott to Höchten to haollen.

Dan 6, 11

V Ganz to Anfang, as alls noch pickenduuster wör, spröök Gott: „Et werde Lecht."

Sticket ne Kiäße an.

A Gott is use Lecht un Heil.

Moment Ruhe

V Ganz to Anfang von all's, as noch kineene sick de wat bi verkläören konn, spröök Gott: „Wat von Belang is för mi, dat sall auk för annere klipp un klaor sien. De Mensken sollt et vernemmen, daomit dat Lecht in iähr uplöchtet."

Wieset up de Bibel

A Gott is use Lecht un Heil.

Moment Ruhe

V Daomit de Welt nich togrunne geiht, sandte Gott us sienen Süöhn Jesus Christus, de us alltiets Bispiell sall sien.

Wieset up dat Krüüß.

A Gott is use Lecht un Heil.

Moment Ruhe

V So häw wi us hier versammelt, üm von Gott's Lecht
use Liäben uutlöchten un us von sien Heil anspriä-
ken to laoten.

A Gott is use Lecht un Heil.

V Drüm will wi nu singen …

WAT GOTT DÖTT, DAT DÜCH ALLE TIET

1 Wat Gott dött, dat düch alle Tiet,
mit em geiht' guet to Werke.
sien Siägen wirket wiet un siet,
giff Sicherheit un Stärke.
Sien Schutz un Schirm behöödet us,
bewahrt vör Angst un Plagen,
Gott wirkt dör siene Gnaden.

2 Wat Gott dött, dat düch alle Tiet,
döt us gar Engel senden,
ümdat sick lichtet Zank un Striet,
so dat et guet kann enden.
Sien Schutz un Schirm behöödet us,
bewahrt vör Angst un Plagen,
Gott wirkt dör siene Gnaden.

M: Severus Gastorius 1679, T: Samuel Rodigast 1675, Üb: Otto Pötter 2020

V Laot us beeden:
Du trü'e un ewige Gott, du bis alle Dage an use Siete.
Sende us den Hilligen Geist, ümdat wi met Sinn un
Verstand dör de Welt gaoht un Siägen brenget mit
dat, wat wi doot.

A Gott is use Lecht un Heil.

V Giff us Aogen, de mehr seiht äs dat, wat bloß
belanglos flitzt un funkelt ... *(immer kuort Ruhe)*
Giff us Ohren, de auk dat vernemmet, wat
oft ungesächt bliff ...
Giff us 'n Mund, de auk schwiegen kann,
de iämso aower gerne maol wat säch, wenn et
deinlick is ...
Giff us Hande, de mit anpacket, aower auk
striekkeln könnt ...
Giff us Arme, de auk ann're unner de Arme
griepet, daomit se nich fallet ...
Giff us Fööte, de fast up 'n Grund staoht
un nich weglaupet, wenn Hölpe naidig is ...
Giff us Aogen, de dör di löchtet ...

A Gott is use Lecht un Heil.

L Wi höret Worde Jesu uut de Bergpriägt, nao dat
Evangelium von Matthäus.

„Höret up demit, ju Suorgen to maaken un kruus to
kieken ... Waorüm will ji liäwen es Mensken, de Gott

nich truet? Wu könnden ji so to Ruhe kommen? Glöwt et mi, ju Vaa in'Hiemmel weet üm all's, wat ji bruuket. Wenn ji Vertruen in em häbt, dann feihlt et ju an nix. Kümp Gott Vaa bi ju an de erste Stelle, so giff he ju alle Dage, wat ji wüerklick bruuket. Drüm beedet to em alle Dage."

Mt 6, 31–33

A Gott is use Lecht un Heil.

V Könnt wi et annemmen, wat Jesus us dao säch …? Is Gott wüerklick use Lecht, use Heil? Orre kömmt erst immer änners wat?
Woto Jesus us uproopen will is, Gott blind to vertrue'n. Erst Gott, dann dat annere!
Gott meint et guet met us. Alltiets. Nich ümsüss säch Jesus in dat lieke Evangelium auk, dat de Mensk nich von Braut alleene liäwet, sönnern von jedet Wort, dat us von Gott her tokömmt. Düm laot' us nu nen Moment stille sien, üm wat von em to vernemmen, ümdat sien Lecht un Heil up us tokommen kann.

A Gott is use Lecht un Heil.

Moment Stille

V Laot us beeden:

Vader use in' Hiemmel,
gehilligt sie dien Naome.
Dien Riek komme.
Dien Raotschluss sall gellen,
wu in' Hiemmel,

so auk up Erden.
Use täglick Braut
giff us vandage.
Un vergeew us use Schuld,
wu auk wi willt vergeewen
use Schuldner.
Un führe us nich in Verlockung,
sönnern erlüöse us
von all's, wat böös is.
Denn dien is dat Riek,
un de Kraft
un de Herrlichkeit
in Ewigkeit
Amen.

V Laot us auk de Modergott's nich vergiätten:

A Wi grüßet di, Maria,
du bis vull von Gnaden, de Herr is mit di.
Erkoren bis du unner alle Fraulüe
un erkoren is, den du geboren häs,
Jesus, Gottes Süöhn.
Hillige Maria, Moder Gottes, bitte för us,
nu un in use Daudenstunde.
Amen .

V Antlest nu singet wi:

Di möch ick, Gott, to eegen sien

1 Di möch ick, Gott, to eegen sien,
ick laup alleen in Angst un Pien;
dat ick di von mi wiesen dai,
O Jesu, Gnade, Gott verzeih.

2 O Gott wies mi von di nich aff.
Du bis mi Stütz, du bis mi Staff.
Drüm laot in Gnad de Schuld mi nao,
ümdat ick nich togrunde gaoh.

3 Denn di möch ick to eegen sien,
frie von Verstimmung, Angst un Pien,
Dat ick nich kreeg den rechten Dreih,
ick bitt in Demoot: Gott verzeih.

M: aus dem Geistlichen Psalter, Köln 1638, T: Friedrich Spee von Langenfeld um 1620, Üb: Otto Pötter 2020

ALLTIETS MET ANDACHT

So hold de Wille auk sien mach,
dreiht he sick bloß üm sick sömms,
giff dat Schwindel.
Auk wäd dann licht uut Wille Willkür.
Wat helpet, is Demoot.
Gebet un Andacht gewet wier festen Stand.
Andacht is deeper naodacht.
Dann schinnt bi Nä auk Jao es dör.

Gebede för alle Dage

*Von Sönnenupgang
bis Sönnenunnergang
sall alltiets luowet sien,
Gott's Name.*

Ps 113, 3

Muorngebet

Oh Gott, du häs in düsse Nacht
mit diene Leew us trüü bewacht.
Ick luow un danke di daoför
un bitt', bewahr us vör Mallör.

Kreiht nu auk all de Hahn hellwack,
so röpp he mi to mien Gerack.
Et wocht' up mi all vull Gedoo,
drüm: Frisk ant Werk, denn dat mäck froh!

Wat ick nu kann, dat will ick doon,
doch dienen Siägen bruuk ick schon.
Süss kann ick werken noch so fix,
süss is mien Doon antleste nix.

Laot diene Hölpe bi mi sien,
dann wäd et gar noch maol so fien!
Un kömmt et hatt villicht den Dag,
maak, dat bi Schweet ick gern noch lach.

Denn dann is Kopp un Hiärt debi,
dann sin 'k nich Knecht, dann föhl 'k mi frie.
So bitt ick nu üm dienen Siägen,
dann will ick mi auk gern bewiägen.

Otto Pötter 2015

To Dagesbeginn

Allmächtige, ewige Gott,
to Dagesbeginn
möcht ick di bidden:
Giff us dien Geleit un beschütze us
dör diene Vörsehung un Kraft.
Bewahre us vandag vör Sünd un Schann.
Laot us, bi all use Doon auk di nich vergiätten,
denn met wat wi us auk befasset,
von di kümp alles her.
So laot us liäben met Toversicht
dör Christus usen Herrn.
Amen.

Bitte för düssen Dag

Gott, gewe mi den Liekmoot,
all dat antonemmen, wat ick nich ännern kann;
den Moot, dat ümtokrempeln, wat ick ännern kann –
un de wiese Kenne, dat eene von't annere scheiden to
können.

Nao Reinholod Niebuhr 1892–1971

Bitte um Hölpe för den Dag

V Fröh muorns sööket wi di all,
du wunnerbare, hillige Gott:
Lecht, Straohlenkranz, waörmende Kraft,
wi danket di för düssen Dag.

A Du brengs Lecht int Düüstern,
Lecht int Hiärt un Waörmte in de Siäl.
Du kläörs us den Blick
un wieses us den rechten Patt.

V Laot et lecht werden auk in us,
dat wi helle dör den Dag gaoht.
Lichte Kopp un Hiärt,
giff Schwung use Doon.

A Up jedereen von us wochtet wat vandage.
Giff, dat wi et mit frisken Moot anpacket,
dat wi gerne wat doot
un daobi flietig un ümgänglick sind.

V Wi biddet di üm Sachtsinn, Ümsicht
un Freed in use oft so wehrige Welt.
Lenke use Blicke up dat Guede,
un laot us achtsamer dör den Dag gaohn.

V Daorüm bittet wi
dör Christus, usen Herrn.

A Amen.

Aobendgebet

Oh Gott, de Dag wör lang.
Ick häb en nich verdoon
met Simmeleern un Tömiggang,
drüm möcht ick nu nao Bedde gaohn.

Häb ick auk noog nich an di dacht
bi all dat Werken un dat Wehr'n,
so will ick nu noch, vör de Nacht
up di un diene Stimme hör'n.

Un danken will ick, danken di,
för all's, wat ick vandag droff doon.
Du gaffes Fuck un Frohsinn mi,
wat bruuk ick mehr nu noch an Lohn?

Haoll üöwer alle diene Hand,
de deep von Hiärten leiw mi sind,
off guet bekannt orre verwandt,
auk Kranke, Aolle, Frau un Kind.

Nemm von us Suorgen, Angst un Pien,
ümdat wi schlaopen könnt ohn Fehl'.
Laot us män eenfach bi di sien,
dann sin wi muorn auk wier fideel.

Ps 139, 10

Otto Pötter 2015

Aobendgedanke

Du guede Gott, du bliffs mi trüe.
Du trecks di met diene Hölpe nich terügge,
wat auk immer wör, et finnet dien Erbarmen.
Diene Trüe un Güte
umfanget mi Dag un Nacht.
Blief auk nu, jüst in' Düüstern, bi mi,
dann will ick ruhig schlaopen,
denn dann is all's guet.

Ps 40

Schenke mi ne guede Nacht

Du guede Gott, still un ruhig
möcht ick mi von di nu todecken laoten.
Wat mi aower doch noch lück quiält,
dat möcht ick för düsse Nacht an di affgewen.
So lech ick all's met Toversicht in diene Hande.
Nu is all's still, nu is et guet.
Auk in mi is et nu still un ruhig.
Schenke mi ne guede Nacht,
so schlaop ick sacht, van di ümfangen.

Still un ruhig

Still un ruhig will ick nu sien.
Still un ruhig, es 'n Kind bi siene Moder.
So es dat Kind bi siene Moder,
so still is miene Siäle nu bi di.

Et stiege up to di,
mien Aobendgebet –
un et komme daale up mi
dien Erbarmen.
Laot dien Lecht us löchten,
wenn dat Dageslecht int Düüstern sacket.
So kanns du dör Dag un Nacht
dien Werk an us vullenden.

Daorup will ick vertruen,
mehr nich.
Eenfach ruhig un still will ick nu sien.
Still un ruhig, es 'n Kind bi siene Moder.
So es dat Kind bi siene Moder,
so still is miene Siäle nu bi di.

Ps 131, 2

So nemm denn miene Hande

1 So nemm denn miene Hande un stüüre mi
bis hen int siälig Lande, ewig bi di.
Alleen göng 't üöwer'n Haupen
up Schritt un Tritt;
wo du weeß hen to laupen,
dao nemm mi mit.

2 In dien Erbarmen hülle mien Hiärt un Siäl;
un maak se ruhig un stille, ohn Suorg un Fehl.
Sie bi mi allerweggen,
wohen 't auk geiht;
giff du mi Schutz un Siägen,
giff mi Geleit.

3 Söwwst wenn ick maol nix merke von diene Macht,
liekwuohl schützt diene Stärke mi Dag un Nacht.
So nemm denn miene Hande
un stüüre mi
bis hen int siälig Lande,
ewig bi di.

M: Friedrich Silcher 1843, T: Julie von Hausmann 1862,
Üb: Otto Pötter 2020

För an de Huusdör

Well gueden Sinns hier kümp harin,
de sall us auk willkommen sien.
Män well verdreiht all kümp deher,
de blief män glieks wiet vör de Döör.

Röm 15, 5–7

Gott hölt us

Brengt wi et hier auk noch so wiet,
et is män för ne lütke Tiet.
Wat wi auk doot, eens is gewiss:
Nix is un bliff so, es et is.
Bloß Eener bliff sick liek in allet;
he hölt us, auk wenn wi es fallet.

Koh 3, 2

Biddet, un et wäd ju giebben

Bittet, un et wäd ju gewen;
Sööket, un ji werdet finnen;
kloppet an un et wäd ju updoon.

Lk 11, 9

Alle Aogen wochtet up di

un du giffs Iätten to rechten Tiet.
Du döss diene guede Hand up
un giffs, all's wat dao liäwt,
dienen Siägen.
Amen.

Ps 145

Dischksiägen

V O guede Gott,
siägne dat, wat hier bi us up 'n Disk is. Denn use Iätten verdanket wi di un diene gueden Gawen. Ümso mehr will wi auk diene Gawen in Natur un Schöpfung achten, so dat wi Ümwelt un Natur nich dör use Habgier tonichte maaket.

Bitte help us daobi, dat wi alle Dage mit use Liäbensmiddel in Wertschätzung ümgaoht un diene Schöpfung achtsam wahret. Drüm sie du Gast bi us an' Disk un siägne dat, wat annere för us so smacklick anrichtet häbt. Wi willt et mit Dank nu iätten un wünsket us debi:

A Gueden Appetit.

Dank för Speis un Trank

Di, o Gott, för Speis' un Trank
sächt wi von Hiärten Luow un Dank.
Du gaffs, ja, Du döss alltiets gewen,
wi könnt dör di us neji *(neu)* beleewen.
Drüm gewet wi us nu de Hande
Un wünscht us Siägen hiertolande.

Danke för düt Iätten

Nu laot' us nich vergiätten,
Gott to danken för dat Iätten.
Von diene Gawen liäwet wi
un wat wi häbet, is von di.
Drüm sägget Danke wi mit Pries,
Un biddet:
Siägne usen Kries.

Keggen de Korpulenz

O Gott,
ick liäw met miene Korpulenz
tatsächlick keggen alle Trends.
Ick wünske mi van Hiärten sehr,
dat ick män doch wat lichter wär.

Drüm möchte ick, statt guet to iätten,
stattdem gar leiwer es maol biäden.
Dat wär nich geistig bloß gesund,
daobi göng quiet auk Pund üm Pund.

So könnt ick, ohne Strategien,
bi't Biäden sparen Kalorien.
Et möök mi schlank un mehr äs blij!
O Gott, dao help mi doch es bi.

Ick will et ehrlick wuohl bekennen:
Nu biäd ick es, üm afftonemmen.
Daobi bekenn ick frank un frie:
Ick möcht mi föhlen wuohl es nie!

Otto Pötter 2017

Dat Gebet för twee

Du guede Gott,
dat wi tesammen liäwet is schön,
aower auk nich immer eenfach.
Wi alle mött' alle Dage de wat an doon,
guet tesammen to liäben.
Wat et bruukt, is mehr Ümsicht
un immer wier en gueden Willen.
Stärke us in düsse Guetwilligkeit.
Wi biddet di, schenke us Geduld
un den rechten Blick för dat Guede.

Laot us fröndlicker, statt murrig drinkieken.
Laot us helpen, statt de Brocken hentosmieten.
Laot us upenanner togaohn, statt wegtolaupen.
Laot us to Ruhe kommen, statt herümtowehren.

Du guede Gott, wi biddet di,
schenke us mehr gueden Willen,
üm auk es en Aoge tokniepen to können.
Giff us dat rechte Maot för Naichte un Affstand.
Schenk us Intracht, üm tesammen guet to liäben.
Schenke us de naidige Insicht för mehr Ümsicht.

För de Familge

Herr Jesus Christus,
miene Familge is mien Een un All's. Drüm bitt ick di:
Blief in use Familge, wi alle bruuket di.

Ick bitte üm Gesundheit an Lief un Siäl för us alle. Wat ick söwwst deran doon kann, will ick doon – un doch lich all's in Gottes Hand. Du häs us dat vörliäwet. Drüm führe un leite us un laot us nich alleene. Jesus, kiek besönners up miene Kinner un Enkelkinner, de et in de Welt nich immer licht häbet. Bewahre se vör Unglück, Krankheit, Armsiäligkeit un Naut.

Ick kann de nich immer tüsken sien un wenn, so mott ick mi manchs auk trüggehaollen, weil ick dat een off annere villicht änners seih. Aower, wat auk is, ick möcht miene Familge bi di wietten, dann is all's guet. Stelle bitte alle, de ick gern häbe, guede Mensken to Siete un helpe iähr, dat auk immer Platz för di is. O Jesus, mien Een un All's, blief in use Familige, wi alle bruuket di!

Apg 16,31; Jes 49 15–16

Up de aollen Dage

Du gnädige Gott, et wäd nich biätter mit mi. Et quiält mi hier wat un dao wat. Ick will aower nich klagen bi sovull Guets, wat ick beliäwen droff. Auk will ick dankbar sien, dat ick de noch bin. Un so stüer mienen Blick up dat Guede wat is, un all dat Schöne wat maol wör; denn de Höchte lich ächter mi. Nu geiht et bergaff. Aower ick will nich bloß nao unnen kieken, sönnern auk up de Höchte, de ick schafft häwe. Dao draff ick froh un dankbar üöwer sien. Danke.

Ick bidde di: Giff mi immer wier den rechten Blick för dat, wat mi uprichtet; Mensken, för de ick beeden könn. För all miene Leewen, bi de et noch bergan geiht. Se häbet den höchsten Timpen *(Gipfel)* noch vör sick. Ick bidde di, giff iähr Geleit. Besönners denk ick daobi an N. N.

Du guede Gott, blief tüsken us, wo immer wi laupet. Siägne alle, de mi ant Hiärt wassen sind. Siägne aower auk mi, dat ick den Kopp nich hangen laot un in di miene Toversicht finde; denn up di hen huop un liäwe ick. Amen.

Ps 70, 9

Wi sind nich alleen

1 Hier up Erden oft verkannt,
sind wi all' in Gottes Hand,
auk wenn twiärs wi kiekt.
Doch mit us is Jesus Christ
off et klaor is orre trist,
wi sind nich alleen.

2 Wenn wi meint, et göng nich mehr,
kümp van Gott wat Guets deher,
wat helpt up de Been.
Alltiets is dichte he bi us,
nimmer mäck he met us Schluss,
wi sind nich alleen.

3 Dank Gott Vaa, de us ümsuorgt
un den Geist, up den wi horcht,
wenn nix schinnt mehr schön.
Dann giff Jesu Krüüßeskraft
us wier Muot, dat wi et schafft;
wi sind nich alleen.

M: Josef Anton Saladin 1972, Plattdeutsche Textfassung:
Otto Pötter 2020, in Anlehnung an Silja Walter 1965

Wat wär dat Liäben ohne di?

O Gott un Vaa, ohne di is et alle nix. Wat wäre dat Liäben ohne di? Von di geiht all's uut, dör di wäd all's guet. För us nich to begriepen is dien wiese Wirken in all's wat liäwet un is. Auk in us un dör us wirkes Du met diene göttlicke Allmacht. Dat geiht wiet üöwer usen Verstand. Kien Mensk denn auk, de et di liek doon könnde. Ümso mehr recket sick use Siäle nao di uut, so es de Bloome nao de Sönne.
Ohne di, du wunnerbare Gott, wäre et in us düüster, de Welt dimstrig üm us. Met di wäd all's hell, löchtet all's. Mit di blaiht et up; dör di krich all's Sinn. Wat wäre dat Liäben ohne di? Di will ick priesen un luowen, so guet ick kann. Amen.

Röm 11

Diene Güte is so wiet

Gott, diene Güte is so wiet,
so wiet, dat nix daokeggen is de Tiet.
Von eene nao de änn're Sönn,
dat ganze All is vull devon.
Dör Hiemmelshöchten klingt dat Lied:
Gott, diene Güte is so wiet!

Ps 36, 5

Gebet keggen dat Böse

Barmherzige Gott, wi biddet di, laot dat Guede stark un dat Schlechte ümso minner werden. Giff us Moot daoto, dat wi us daobi nich wegducket. Stärke us den Rüggen, dat wi upstaoht keggen Laigenbüüls, Grautmuuls un Schiälkieker.

Giff us Christen Kraft un Mumm, üm dat Schlechte nich fientoküern un uptobegehren keggen Schaleiers *(schlechte Charaktere)* un Prellers *(Unterdrücker, Ausbeuter)*, de meinet, se können den Düüwel danzen laoten. Laot us bi allet, wat Unrecht is, nich deruümtoküeren.

Helpe us, dat wi mit Sinn un Verstand genauer henkieket, ümdat dat Guede un Wahre nich dör Hohn un Spott togrunne geiht. Help us met diene Hillig-Geist-Gawen. Jüst düsse Gawen bruuket wi mehr un mehr.

Laot nich to, dat et nao un nao düüster wäd in use Siälen un wi bloß noch unwies dör de Welt laupet, statt met Anstand, Ehre un Gewietten. Beschere us daobi klaoren Verstand un laot us tapfer sien, ümdat wi met Hölpe von dienen Süöhn Jesus Christus Anfechtungen wacker bestaoht un dat Guede in de Welt hauchhaollet. Daoför will w ius an di wenden, üm in Gebet un Stille Moot un Kraft uptonemmen.

Du guede Gott, erhöre use Gebet un helpe us, üm keggen dat Böse uptobegehren. Denn dör Nixdoon wieset wi di den Rüggen un könnet – off wi willt orre nich – schullig werden. Bewahre us daovör. Stattdem giff us Kraft, dat wi vör dat Böse nich inknicket. Daorüm bittet wi dör Christus usen Herrn. Amen.

Lk 10, 19; Mk 16, 17

Jesus, help

Wat rein nich is, dat waske blank.
Wat düörstig is, dat spende Drank.
Dat Drüüge maake frisk wier natt.
Un all de hungert, maake satt.
De Hölpe bruukt, griep unner'n Arm.
Wat allto kaolt is, maake warm.
Besiäl met Wäörmte use Welt
un wiese us, wat keimt un hölt.

Mien Jesus, Barmherzigkeit

Herr Jesus Christus, männigmaol häs du us Mensken rao'n, us in Drangsal, Naut un Suorge vull Toversicht an di to wenden. Nu is et auk bi mi sowiet. Ick weet nich in noch uut mehr. Ick weet bloß eens, well mi nu noch helpen kann, bis du alleene. Mien Jesus, Barmherzigkeit! In all miene Angst un Naut roop ick di to Hölpe. Ick flehe to di, helpe ... *(Anliegen)*

Help mi, dat et wier lecht wäd in mi, dat mi uut Siälenkraft wier Muot towäss un de Kopp wier to Verstand kümp. Ick bruuke naidig wier Toversicht. Kiek up mi Jesus un stärke mi.

Mien Jesus, Barmherzigkeit!

Mt 6, 27–33; Petr 5, 7; Phil 4, 6–7; Ps 23

Keggen quiälend Schuld

Oh Herr, mien Gott, well könn di wat vörmaaken? Du weeß genau wat mi knipp. Ick kann de all gar nich mehr bi schlaopen. Egaol geiht mi dat Elend dör en Kopp. So kann et nich wiedergaohn. Ick möch dao nich länger met herümlaupen, süss treck et mi heel daale.

Drüm fleh ick di an, du gnädige Gott, help mi, endlicks reinen Disk to maaken; ick möch so nich länger liäben. Giff mi Moot un Kraft üm wat to ännern; bitte richte mi up!

Jes 53, 5; Jak 5, 14–15; Mt 6, 27–33; 1 Petr 2,24

Stärkende Anroopungen

O Gott, mien Kraft un Heil,
richte mi up, ümdat ick nich in de Irre gaoh.
O Jesus, mien Een un All's,
laot mien Hiärt nich hatt werden.

O Hillige Geist, kläre mienen Kopp,
dat mien Denken un Doon stimmig is.
Geist Gottes, beliäwe mi,
dördringe mi met Kraft un Stärke.

Röm 5, 5; 2 Kor 3, 17

GEBEDE FÖR ALLE DAGE

Laot' nich nao mit dat Beeden!

Kol 4, 2–3

Well för annere gar noch beedet, de schicket iähr en Schutzengel

Matin Luther (1483–1546)

Gott, gaoh mit us dört Liäben

Du allmächtige Gott,
nich to tellen sind all de Wege,
up de du alle Dage met us geihs;
off wi et merket orre nich,
du geihs mit us dör dick un dünn –
auk wenn wi es strumpelt.

Off wi et verkennet orre wu immer wi et nennet,
wat us nich selten feihlt, is en Schups von di.

Dann verstaoh wi up maol de Welt nich mehr;
villicht aower jüst deswiägen,
weil wi us in de Welt verlaupen häbt.

Denn oft sind wi ohne di unnerweggens.
Wi laupet dann faken in de Irre
un merket gar nich mehr, wat wüerklick tellt
un wohen et met us geiht.

Bewahre us vör geföhrlicke Pättkes,
schütze us vör Affwiäge
un bewahre us daovör,
an diene rechten Handwiesers vörbitolaupen.

Gott, gaoh mit us dört Liäben
un wiese us den rechten Patt.

Ps 32, 7; Ps 114, 119; Dtn 31, 6

Dagesgedanken

Use Liäben is mehr äs Iätten un Drinken,
mehr äs Arbeit, Schrappen un Pläseer.
Wi sind mehr äs use Lief
un dat, wat wi so hermaaket.
Wi vergiätt' et licht,
aower et giff mehr noch, äs bloß de Welt.
Wi liäwet Wand an Wand met dat Affsolude.

Ja, wi häbet Pflichten un wi driäget Lasten.
Un freuen möchen wi us auk.
Dat is auk guet so. Ohne dem geiht et nich.
Bloß Vergnögen aower, dat mäck krank.
Bloß Pflichten un Lasten maaket us krumm.
Wi bruuket mehr äs all dat, woför wi racket.
Wi bruuket mehr äs dat, wat de Welt us giff.
Ümso naidiger bruuket wi dat ,
wat üöwer de Welt heruut wieset,
dat, wat us de Welt nich geewen kann;:
Siälennahrung, Gloove, Gottvertrueen,
Sinn un Toversicht; all dat,
wat us von binnen her stärket un uprichtet.
Du guede Gott, laot us dao öfters an denken.

Laot us so denken un werken,
dat auk du immer mit debi bis.

Laot us immer wier innehaollen,
daomit wi gewahr werdet,
dat dao noch mehr in us liäben will,
di to Ehre – un us äs Sinnlöchte.

Laot us so liäben, dat dat Liäben us froh mäck,
un wi nich unnergaoht hier in de Welt.

Du guede Gott un Vaa,
bitte help us, guet to liäben.

För den fröndlicken Blick

Jesus, nich eenmaol is von di to hören, dat du möppelig wiäsen wörs. Wu anners is dat oft bi us. Wuvull biätter könnden wi et tesammen doon, wenn wi us mehr terüggenähmen, netter küerden un mehr up dat Guede keeken. Wann häff wi us dat lesste Maol wat Nettes sägget? Un wu kieket wi drin? Fröndlick?

Wi merkt et faken gar nich mehr, wu weinig froh un fröndlick wi dör de Welt laupet. Stattdem baselt wi herüm; verdreiht un upkrazt kieket wi us de wat bi in de Mööte. So is egaol wat.

Jesus, wat dais du us wuohl säggen, wenn du us manchs hier so laupen söhgs? Wonao könnden wi di wuohl fraogen, wenn us maol wier wat quer göng?

Mössen wi äs Christen nich heel änners drinkieken? Wat us feihlt, is mehr Ümsicht för dat Guede. Dann söhg et glieks änners uut. Un us sömms göng et auk biätter.

Jesus, giff us den rechten Blick daoför, üm netter drintokieken. Schenke us den fröndlicken Blick, so dat wi elke Dage Mensken demit beglücken könnt.

Phil 4, 5; Spr 15, 1; 16, 24

WI SÄGGET DANK, HERR JESUS CHRIST

Wi sägget di Dank, Herr Jesus Christ,
dat trüü du alltiets bi us bis.
Blief bi us, denn dann feihlt us nix –
un all's geiht glieks noch maol so fix.

Lk 24, 29

WI WENNET US AN GOTT

Wi wennet us an Gott
för mehr Achtung un Anstand in de Welt:

Du guede Gott, giff us Ohren, de diene Stimme in Rummel un Geplärr vernemmet.

Giff us Aogen för dat,
wat dat Böse minnert un dat Guede uprichtet.

Giff us Hande, de topacken könnt
un auk annere unner de Arme griepet.

Giff us Fööte,
de fast staohet, us aower auk guet vöranbrenget.

Giff us Worde,
de annere guet tospriäket
un düütlick werdet, bi Laigerie un Unrecht.

Giff us nich dat, wat wi willt,
sönnern dat, wat dainlick is.

Röm 14, 13

VADERUNSER

Vader use in' Hiemmel, gehilligt sie dien Naome.
Dien Riek komme.
Dien Raotschluss sall gellen, wu in' Hiemmel
so auk up Erden.
Use täglick Braut giff us vandage.
Un vergeew us use Schuld,
wu auk wi willt vergeewen use Schuldner.
un führe us nich in Verlockung,
sönnern erlüöse us von alls, wat böös is.

Denn dien is dat Riek,
un de Kraft
un de Herrlichkeit
in Ewigkeit
Amen.

GOTT, ICK VERTRUE DI GANZ

Gott, aff un an kann ick nich mehr,
dann möcht ick all's wuohl hensmieten
un vör di weglaupen.
Doch wohen? Ick weet et nich.
Ick weet nich in noch uut mehr.
Wies mi uut dat torkelige Rondell heruut.
Et kann doch nich all's bloß
in Pien un Verdrott enden?
Giff mi en Blick, de üöwer all dat heruutwieset,
wat mi daale drücket.

Helpe mi, von mi söwwst afftokieken,
hen nao mehr noch.
So kann ick biätter von dat laoten,
wat mi quiält.

Krieg ick noch mehr gewahr,
lött mi dat auk glieks änners kieken.
Statt den Kopp hangen to laoten,
will ick upkieken to di, du guede Gott.
So möchte ick mi van di uprichten laoten.

Is et düüster, wäd et wier lecht;
früss et mi, wäd mi warm wier;
weet ick nich in noch uut mehr,
wieset sick mi ne Uutflucht.

Du bis bi mi, wat auk immer mi knipp.
Mit di kümp endlicks wier dat Guede dör.
Du bis Hölpe mi, Kraft un Toversicht.

Du, guede allmächtige Gott,
ick vertrue di heelmaol.

Gebet för de armen Siälen

Wi bittet, Gott, ach sie so gut
un laot in diene Gnadenflut
dör Jesu Christi Heil un Wunden
de armen Siälen wier gesunden.
Mit use Beeden bittet wi:
Nemm se gnädig up to di.

Bedenket wi

De Baom wäss längst all, Gott weet wo,
wieldat *(während)* vor Liäben wi so springt.
He wäss för us all up us to,
bis dat he föllt, blindlings.

Met Biel un Saage krich he 't dann
dat et barbarske män so kracht;
von Baomwämser bis Timmermann
begaoht se em nu, gar nich sacht.

Antlest bliff glattet Holt van em,
gewienert un poliert;
as Sarg off Krüüß, ja, je nachdem,
wat usen Daut so ziert.

Un sind et män twee Lättkes bloß,
as Krüüß met usen Namen,
so gaoht nu Baom un wi getrost.
tohaup antlest mit „Amen".

Otto Pötter 2022

DANKEN

Danken möcht ick di, du guede Gott,
von Hiärten danken.
Wu könnde all dat söwwstverständlick sien,
woför ick danken kann?

Du bis alltiets bi mi,
auk wenn ick de oft gar nich an denke;
doch geiht wat quer, muck ick glieks graut up.
Leiwer will ick to di upkieken un beeden.
Dat giff mi wahre Hölpe,
dat lött mi glieks änners denken.
Aower laot mi auk ansüss öfters an di denken,
Du guede, allmächt'ge Gott,
ick möcht di alltiets luowen un danken.

1 Thess 5, 16–18

GOTTVERTRUEN

Schicke Gott, es di 't geföllt,
off fien, off groff, off week, off hatt;
off drüüg ick bliewe orre natt,
ick weet, dat et mi hölt.

Kümp et von di, is nix nich schlimm;
du hölls us auk in Angst un Klage.
So, es in de Waog' sind Nacht un Dage,
fall auk ick de nich bi üm.

Otto Pötter 2014

ALLEEN GOTT ÜÖWER US SIE EHR

1. Alleen Gott üöwer us sie Ehr
un Dank för siene Gnaden,
daorüm dat nu un nimmermehr
us hier kann nix nich schaden.
Dat Gott gefallet, wat wi so doot,
dann is bi us auk all's in' Lot,
all Fehd häff so sien Ende.

2. Wi freut us, wenn de guede Gott
dat Dimstrige wier lichtet;
dat buuten bliff, wiet achtert Schlott,
wat us togrunne richtet.
Wi sind ümfangen von Gottes Macht
de trüü us schützet Dag un Nacht;
wi könnt us drup verlaoten.

3. O Jesus Christus, Gottes Süöhn,
du kenns as Mensk us' Sehnen.
Wi wünskt mehr Frohsinn, statt Gestüöhn,
dann kann sick Guet's uutdehnen.
Lamm Gottes, maak us to frohe Lüe,
de gerne liäwt, Gott alltiets trüü,
dann kann us nix nich stören.

T: und M: Nikolaus Decius 1523, ÜB: Otto Pötter 2020

Komplet

Du graute, guede Gott, use Hiärt is unruhig, bis et Ruhe funden häff in di. Et is guet wesst vandage, nu laot mi to Ruhe kommen, dann kann ick lichthen schlaopen.

Du wörs vandage bi mi un so bis du mi auk düsse Nacht to Sieten. Schütze mi dör diene Macht, dann häb ick auk ne guede Nacht.

Kiek ick up den Dag terügge, so möcht ick di danken för dien Geleit, du guede Gott. Auk wenn mien Denken un Doon nich immer liek diene Ehre wör, kiek up mienen gueden Willen, denn ick möcht nich ohne di liäben.

Dat Eene is gewiss, ohne di göng 't alle miss. Dat dat nich so is, daorüm häs du us dienen Süöhn Jesus Christus to Siete stellt. Dör em un den Hilligen Geist bruuket wi vör nix bange sien.

Jesus, Lecht von't Lecht, du kenns es kien' ännern miene Suorgen un mien Verlangen. Ick möcht all's in diene Hande leggen. Drüm möchte ick et guet sien laoten. Et giff sovull Guets, worup ick mi besinnen kann. Drüm fraog ick mi:

Wat wör schön vandage?
Woför könnt ick danken?
Wen häb ick von Hiärten gerne?

Mien Hiärt sall vull sien von all dat Guede, wat von di kümp. Daoför danke ick di un biäde nu ganz in Ruhe:

Vader use in' Hiemmel,
gehilligt sie dien Naome.
Dien Riek komme.
Dien Raotschluss sall gellen, wu in' Hiemmel
so auk up Erden.
Use täglick Braut giff us vandage.
Un vergeew us use Schuld,
wu auk wi willt vergeewen use Schuldner.
un führe us nich in Verlockung,
sönnern erlüöse us
von alls, wat böös is.
Denn dien is dat Riek, un de Kraft
un de Herrlichkeit in Ewigkeit
Amen.

Nu möchte ick int Gebet auk noch alle mit insluuten, de ick von Hiärten gerne häwe …
So siägne un behööde us de Vaa, de Süöhn un de Hillige Geist. Amen.

AOBENDSTUND KÜMP SACHTE

1 Aobendstund kümp sachte,
dao döt Ruhe guet.
Baolle kümp de Nachte,
Düüsternis all luert.

2 Bloß de Biäke *(Bach)* bliff nich
auk es nachts maol staohn;
lött et aogenblicklich
alltiets wiedergaohn.

3 Es de Biäk so geiht dat,
us äs Erdengast.
Egaol driff nao mehr wat
use Siäl, ohn Rast.

4 Wat för deep Begründung
dat auk klären will,
von de Quell to Mündung
steiht de Drift *(Verlangen)* nich still.

5 Unruhig is us Hiärt hier,
bis et ruht in Gott.
Wuohl gar erste dann wier
is et, es et mott.

6 Gottverlangen driff us
üöwer Dag un Nacht;
eenzig Ruhe bliff us,
wenn he hölt de Wacht.

M: Friedrich Silcher 1843, T: Hofffmann von Fallersleben 1837,
Üb: Otto Pötter 2020

Well aff un an innehölt,
hölt dat Innere.
Also: Vertruu up mehr as Geld un Gut,
söök öfters Inkehr, statt Geluut.
Wi liäwet nu maol, oft verkannt,
met' Affsolude Wand an Wand.

Otto Pötter

Hillige un Feste dat Jaohr hendör

*Bi Gott hät all's siene Tiet.
Un all's wat de so passeert,
hät siene Stunde.*

Koh 3, 1

HILLIGE UN FESTE DAT JAOHR HENDÖR

Ji Frönde Gottes

Ji Frönde Gottes allesamt,
ehrt, luowet Gott von Land to Land.
Un biddet üm Barmherzigkeit
För us, weil us de Sünde reut.

Helpt us hier in dat Erdental,
dat wi dör Gottes Gnad un Wahl
to'n Hiemmel finnet allemal.

Vör all'm du, us' Könnigin,
Maria milde Herrscherin,
ji Engelchöre, bitte wacht,
giewwt alle up us guet hier acht.

Helpt us hier in dat Erdental,
dat wi dör Gottes Gnad un Wahl
to'n Hiemmel finnet allemal.

Wi bittet ju, dör Christi Bloot,
dat ji för us Fürspraoke doot.
Du hilligste Dreefaltigkeit,
staoht all us bi, in Freud un Leid.

Helpt us hier in dat Erdental,
dat wi dör Gottes Gnad un Wahl
to'n Hiemmel finnet allemal.

M: Einheitslieder 1947 nach Michael Vehe 1537 und Insbruck 1588,
T. nach Köln 1623, Üb. Otto Pötter 2022

DAT JAOHR HENDÖR

Dat Jaohr hendör bruukt use Liäben
liekuut, liekan nen festen Tratt.
süss geiht et allto gau deniäben;
un wi sind aff von' rechten Patt.

Wietten klook, wohen et geiht,
dat kömmt gewiss an erste Stell'.
Un is et düüster maol un weiht,
dann kiene Angst, et wäd wier hell.

In' Rucksack, dao mott auk wat in,
nich dat wi liggenbliewt, malatt;
doch nich tovull un nich to minn,
Hauptsaak, et dött us guet apatt.

Auk nich dat et an Bildung feihlt,
süss is bi alle Narren Stopp.
Off guet et geiht orre verdreiht,
mäck nich de Patt, dat mäck de Kopp!

Drüm upgepasst, mit wem wi gaoht.
Denn off et murrig geiht off blij,
wi fallet orre uprecht staoht,
lich oft auk an de falsken Lüe.

Doch immer bruukt wi Gottes Siägen,
denn alles könnt wi Mensken nich.
Laot' wi von em us alltiets driägen,
kommt wi guet an, ganz sicherlich.

Otto Pötter 2012

Allen Mensken steiht peraot Gottes Raot

1 Wat us hier nich all's so dräut,
schinnt von buoben daal heel anners.
Dao wiest sick mehr wat us freut,
dao kläört männig Deel sick wanners.

Kv Allen Mensken steiht peraot,
Gottes Raot.

2 Wat wi bruukt is, stille sien,
up Gott lustern, up em kieken.
So kann Gottvertruen befrie'n
un all's Krumme sick wier lieken.

Kv Allen Mensken steiht peraot,
Gottes Raot.

3 Blinde krieget Lecht gewahr,
Stumme könnt up maol wier singen.
Gottes Engel bannt Gefahr,
willt sien Heil us alltiets bringen.

Kv Allen Mensken steiht peraot,
Gottes Raot.

4 Gott alleene wendet Naut,
mit em bliff kien Weh up Erden;
wat eenst minn wör, dat wäd graut,
heel vull Kraft, üm nie to werden.

Kv Allen Mensken steiht peraot,
Gottes Raot.

M: nach Rudolf Ahle (1625–1673), Plattdeutsche Textfassung:
Otto Pötter 2020, in Anlehnung an von Rosenroth 1685 und Thurmair 1975

Dört Jaohr mit Gottes Siägen

Dört Jaohr mit Gottes Siägen; denn an Gottes Siägen is all's geliägen. Ja. Daoför staoht auk use Schutzengel us to Sieten un iämso, för alle Dage beachtlicke Hillige, de us in besönnere Anliegen helpen könnet. Et wören besönnere Mensken, de us auk vandage noch äs Mittler tüsken Hiemmel un Erde bisiete staoht, wenn wi iähr üm Hölpe biddet.

Denket wi bloß maol an den Hilligen Antonius (13. Juni), ne wahre Hiemmelhölpe, wenn Verluornet nich wiertofinnen is..

Fröher stönn de Hilligendag üöwer den Kalennerdag. Jedet Kalennerblättken harre nen eegenen Naomen. Nich eener sach: „Vandage is den 11.", orre „dat maak ick an' 19. November". Stattdem sachen de Lüe: „Vandage is Martin". Orre: „Wenn Libbeth is, dann maak ick dat". Fröög eener: „Wann sall ick kommen?", so kreeg he villicht to Antwort: „Up Cilly". Dat was dann de 22. November. Dat säch vull uut üöwer dat Vertruen, wat de Lüe fröher to iähre Hilligen harren un wu se iähr Liäben „mit de annere Welt" in Verbinnung brachen. Auk wenn us dat vandage nich mehr so geläufig is, aower, dat wat wüerklick van Belang is, lött sick weder uutklammern noch wegküreren. Et is, es et is.

Auk wenn wi vandage van männig Hillige nich mehr alltovull weet', so möss et us mehr äs naodenklick maaken, wenn dat „Volk der Dichter und Denker" bi Ümfraogen nao den Sinn von Wiehnachten nix änners mehr up de Riege krich, äs met den Wiehnachtmann rümtostüöddern.

Et giff auk to denken, dat de Naomensdag bi de Kathoolsken nich mehr recht tellt un de Martinszug as ne Lichtfier herhaollen mott. Auk de Luddersken sind mit den Reformationsdag an' 31. Oktober nich mehr vörnean. Stattdem giff et so allerhand Spöök bi *Halloween;* daobi geiht dat up *All Hallows' Eve* terügge, dat hett sovull es „Vorabend von Allerheiligen". Aower auk dat is in den Rummel längst unnergaohn …

So werdet uut persönlicke Kraftquellen belanglose *„Unterhaltungsangebote".* Flachen Spass, statt en bettken mehr Sinn. So gaoht Werte quiet un de Kultur brockelt.

Luther orre Martin daokeegen wören Mensken, de us met iähr Liäben auk vandage noch wat säggen könnet. Wu könnde dat bi ne herkömmlicke *Lichterfier* orre bi *Halloween* müöglick sien? Wat bliff van so en Spass? Schade auk üm den Naomensdag, denn:

> *Dien Naom' sie Ehre di dört ganze Liäben.*
> *Äs Prognose häbt se di ne giäben.*
> *He stüere di, üm to veriärwen,*
> *Toversicht met Glück un Siägen.*

As Christglöwige is et us Teeken, dat wi för Gott nich gemeinhen „namenlos" bünd. In de Bibel steiht: „So spricht Gott: Ich habe dich bei deinem Namen gerufen. Du bist mein." (Jes 43, 1)

Bi usen Naomen gaoht de Erinnerungen wiet terügge in use Kindheit, hen to use Öllern, de sick den Naomen för us uutsochten. Wat häbt se sick dao wuohl bi dacht? Un wu immer et us vandage an usen Naomensdag auk geiht, de Dag kann us usen Naomensdriäger (wier) naihge(r) brengen, us helpen, villicht maol to fraogen, wu sien Liäben sick för us wuohl möök?

Jüst de Hilligen wieset us alle Dage dört Jaohr up iähre Art, wat Gloovenskraft auk in use Liäben nich all's so schaffen könnde.

Mensken bruuket Mensken. Un wi alle bruuket guede Vörbelder, üm nich uut de Spuor to kommen. Daoför bruuket wi immer maol wier wat an Ruhe un Besinnung – statt „Zerstreuung und Unterhaltung". Merke: Bloß well maol innehölt, hölt dat Inn're.

Wat wi bruukt is, stille sien,
up Gott lustern, up em kieken.
So kann Gottvertruen befrie'n
un all's Krumme sick wier lieken.

Allen Mensken steiht peraot,
Gottes Raot.

Et könnt hier nich alle Hilligen drinstaohn. Et sind bloß sücke, de us „nao use Art" hier naihge sind.

Sunndag nao den 2. Februar: Lechtmiss, 3. Februar: Blasius

Siägen för Gesundheit, Wohl un Wehe

De Sunndag nao den 2. Februar is *Lechtmiss*. Un weil an' 3. Februar *Blasius* is, giff et in de katholske Kerke denn auk an düssen Dag glieks den Blasiussiägen. De Legende von Blasius († 316) säch, dat he as Christ in de römiske Gefangenschaft nen jungen Mann holpen häff, de an ne Fiskgräöt to sticken drohde. Drüm sall de Blasiussiägen keggen Halsweh helpen.

Nu mott man wietten, dat et bi so Siägen in de katholske Kerk nich üm Magie geiht. De Christgläubigen is et wuohl bedacht, dat se Gott nich mit wunnerlick Gedoo dwingen könnt. Dat is bi düsse Art Siägen auk gar nich meint.

De Sinn lich daorin, *em* Hiärt un Siäl hentohaoll'n, üm in Wohl un Wehe uopen to sien för „heilwirkende Kräfte", de menslicke Kräfte üöwerstieget.

De Hand üöwer'n Kopp, tüsken twee krüüßte Kiäßen, biddet de Geistlicke denn auk üm Siägen met de Waorde:

> *Auf die Fürsprache des heiligen Blasius*
> *bewahre dich der allmächtige Gott*
> *vor Leid und allem Bösen.*
> *Er begleite dich auf allen Wegen*
> *und schenke dir Gesundheit und Heil.*
> *So segne dich Gott, der Vater,*
> *der Sohn und der Heilige Geist. Amen.*

Et is naotoföhlen, dat an sick jede Art Siägen et guet met us meint. Dao lich Toversicht un Gottvertruuen drin. Well möchte all ohne Siägen dört Liäben gaohn? Stress un Burnout könnt de Mensken quiälen un daale kriegen. Aower kann et nich wuohl auk sien, dat wi ümso lichter „erschöpft" sind, wenn wi meint, wi könnden et alle ohne usen „Schöpfer" schaffen, wi alleene mössen et doon?

Latiensk hett Siägen benedicere, „gutsprechen". Sägget wi: „Guten Tag", „Gute Reise", „Machs gut" orre „Guetgaohn" – is us faken gar nich bedacht, wuvull an Siägen dao bi drinsitt. De guede Friedrich von Bodelschwingh (1831–1910) sach et so:

„Keiner empfängt einen Segen nur für sich allein."

So es de Mensk Mensken bruuket, bruukt de Mensk auk Gott. So stecket auk in jeden Siägen „alles Gute", auk dat Guede, wat wi Mensken söwwst gar nich maaken könnt. In jeden Siägen steckt den ehrlicken Wunsk, dat et us guet gaohn sall – un dat wiet üöwer dat eegene Vermögen heruut. Dat säch auk den „Blasiussiägen".

Annersiets geiht et us gar nich guet, wenn de „Siägen scheef hänget". Daokeggen föhlt wi us glieks wier guet, wenn endlicks wat „affsiägnet" is. So auk, wenn de Kinner, de trauen willt, von iähre Öllern hört: „Usen Siägen häb ji." Daien wi se fraogen, kreegen wi sicher to hören: „Danke. Den Siägen will wi nich missen." Guet so. Un giff et den kerklicken Siägen buobendrup, so lött sick ehrlick naoföhlen: *An Gott's Siägen is all's geliägen.*

HILLIGE UN FESTE DAT JAOHR HENDÖR

Wir sind von Gott umgeben,
stetig in Raum und Zeit –
und werden mit Ihm leben
und sein in Ewigkeit.

Arno Pötsch (1900–1956)

4. Februar: Veronika

Bistand in de Stiärwestunde

Veronika steiht för Erbarmen, Mitleed un Hölpe in schwuore Liäbensümstände.

Veronika wör ganz sicher ne besönnere Frau, süss wüss man nix mehr von iähr. Et is betüüget, dat Veronika jüst an den Patt stönn, wo Jesus sick up Golgatha hento mit sien schwuor Krüüß affquiälde. He konn in siene Pien wuohl nich mehr; he wör all fallen, un stüöhnde et uut.

Nich weinige aower stönnen längs de Spuor, üm sick an sien Elend to weiden un em auk noch met Hohn un Spott to kommen. Erinnert us dat vandage nich an so männig erbarumgslose Gaffer, de bi Unfälle auk noch filmet?

Heel änners Veronika. Lukas schriff, as Jesus tesammenbröök, göng still ne Frau up em to. Dao wör Jesus nich mehr alleene in sien Elend. Statt to gaffen, hölp Veronika; se streek den Gequiälten sacht üöwer de Schullern un nahm 'n Linnendook, üm em Bloot un Sweet afftowisken.

Veronika. Wat ne wunnerbare Frau. Wat 'n fien Vörbild an guetmäödig Hölpe, gar noch bi't Stiärben. Feihlden us nich mehr so Veronikas?

9. Februar: Gedenkdag von Anna Katharina Emmerick

Mehr seihn äs dat, wat is – Kraft keggen Missmoot

As an' 8. September 1774 in de Coesfelder Buerskup Flamschen 'n Wichtken up de Welt kam, konn daomaols noch nich eenen ahnen, dat met dütt Kind „die größte Mystikerin des Münsterlandes" geboren was.

To de Tiet ungewüöhnlick, konn se all as junge Deern Liäsen un Schrieben. Drüm woll se auk nich länger äs Kötter-Magd iähr Liäben dueren. „Selbstbewusst" nahm se met 17 Jahren iähr Bündel un tröck „in de Stadt" (Coesfeld). Se brachte et dao to ne „selbständige Hausschneiderin". Aower dat all's kreeg wanner nen heel ännern Dreih. Se merkte, se söhg mehr ...

Se konn sick dat „normal" nich verkläören. Doch iähr pöck dat gewöllig. Se woll daomit in reine Bahnen un tröck sick terügge; lernde dat Üörgelspiell un göng mit 28 Jaohren in dat Augustinerinnenkloster Agnetenberg bi Dülmen.

Doch auk dao kam iähr gewöllig wat detüsken. Napoleon un siene Truppen föölen üöwert Land her un plünneden met de leidige Säkularisierung Kerken un Ordens. Auk Anna Katharinas „Klosterheimat" göng dehen.

As lessde Nonne möök se 1811 de Klausterpaorte achter sick to. Kuort drup, 1813, kam se auk noch met ne schwuore Krankheit van de Beene. Von dao an kam se nich mehr uut' Bedde hauch. Ganz un gar ungewüöhnlick aower wör, dat de Frau von nu an so guet es nix mehr att. Dat is betüügt. Betüügt is 1819 dör ne amtlicke Untersuchungskommission auk, dat sick bi iähr „Stigmatisierungswunden" wieseden, de wieders nich to klären wören. Bi Anna Katharina wören wuohl „höhere Kräfte am Werke". Harre se nen Draoht „in eine andere Welt"?

Dat kreeg auk den Dichter Clemens Brentano (1778–1842) gewahr. He schreef all's up, wat se em as „Seherin von Dülmen" sach. Dat harre et in sick. 2004 wuorde se siälig spruoken, denn iähr Bispiell wör präget von „tiefer Menschenfreundlichkeit und sozialer Gesinnung" un dat auk noch „mit Glaubenskraft", as et to iähre Tiet met de Religion drunner un drüöwer göng. Se wör „voll Trost und Kraft ein Kreuz am Wege."

As eene von us, is se dat auk vandage noch. In Trüe to Gott könnde se us guet Vörbild sien.

Help, du Herr von 't Liäben

1 Help, du Herr von 't Liäben,
laot mi nich verdiärben,
dat ick nich bloß Schiärben
laot up Erden hier.

1 Du, alltiets mien Lenker,
wahr mi vör so Schlenker
ohne Lecht un Blenker,
wahr vör Unglück mi.

1 Help met dienen Siägen,
dat ick nich verliägen,
sönnern weet, weswiägen
ick up Erden bin.

1 Stärke miene Siäle,
dat ick mi bewiäge
un dat Guede hiäge,
dat ick bin Gewinn.

1 Du, mien Born, mien Löchten,
büör mi up to Höchten,
dat auk ick kann löchten
hier, solang ick bin.

M: Hans Puls 1962, Plattdeutsche Textfassung: Otto Pötter 2020,
in Anlehnung an Gustav Lohmann 1962 und Markus Jenny 1970

FASTENTIET
Weiniger is oft mehr

Fastentiet, dat is kien Kasteien. Keggendeel. Dör Affstand un Verzicht up wat, ohne dat et auk geiht, kömmt en „Mehrwert" debi heruut. Oft wieset sick erst dann: „De Welt düch nich ohn' Tucht un Maot." So sach et hier es maol Majert uut Ondrup, auk bekannt äs „Natz van Dülmen" (1877–1934). Wat de Mann to de Weltwirtschaftskrise 1929 schreef, is auk för us vandage nich bloß in de Fastentiet von Belang:

De jungen Lüe in Stadt un Land
danzt liedensern, dat is bekannt.
Doch immer nich, bloß dann un wann;
denn wenn se 't leed bünd, geewt se 't dran.

Ja, söwwst de Mügge lött et sien,
wenn 't Riägen giff statt Sunnenschien.
Denn auk dat Dierken weet akraot:
De Welt düch nich ohn Tucht un Maot!

Doch geiht et üm den Mammon hier,
dann tellt män bloß noch Geld un Gier –
bis Pleite un Verdrott us drückt.
Verzicht wör biätter, nich verrückt ...

Nix keggen Frohsinn un Danzen, guet auk, wenn wat up de hauhge Kante lich, aower bloß Danzen un Springen ümt gollene Kalw mäck unwies:

Mit Geld kanns den Düüwel danzen laoten, aower auk bloß den Düüwel ...

Et stönn to de graute Finanzkrise an' 8. September 2008 in et *Wirtschaftsblatt* (nich in' Kerkenblatt): „Fehlt es an Tugenden und Werten, an Rücksicht, Zucht und Maß, wird das Leben lebensgefährlich. Wir alle könnten aus kirchlichen Fastenzeiten wieder gut lernen!"
Met „Zucht und Maß" as veerde Kardinaltugend häff sick Josef Pieper (1904–1997) uut Rheine äs Philosoph sien Liäben lang befasset. He säch so:

Ordnung, aber keine Diktatur.
Freiheit, doch nicht Anarchie.
Fortschritt ja, nicht aber Unkultur.
Ruhe, aber keine Lethargie.

Fastentiet, an dat *„fast"-haollen*, wat wüerklick tellt. So wat is nich eenen Dag unmodern.

25. April: Markus

Sick nich verbeigen laoten – Haltung wiesen

Markus wör äs Levit *(Tempeldiener)* nen achtbar gebildeten Mann. Mehr noch. Well konn to de Tiet all schriewen? He harre aower auk Rückgraot un leit sick nich unnerkriegen.

So wör Markus eener von de ersten Christen, de, keggen alle Verfolgung, dat Christentum gelehrig met Sinn un Verstand unner de Mensken brachde. De Mann konn met „Wort un Tat" üöwertüügen. He brachte dat gar upt Pergament.Up em trügge geiht dat öllste Evangelium, wat, glieks vörneweg, as tweddet Book NT in de Bibel steiht.

Wat man de noch von weet, trööfen sick in sien Öllernhuus daomaols de Apostel mit Jesus to dat Lesste Aobendmahl. Tiet drup wör „dat Markus-Huus" Sammelhort för de erste Christengemeinde in Jerusalem, also so wat es de erste Kerke üöwerhaupt, wo Markus Huusbest höölt.

Markus wör guet Frönd met Petrus, mit dem he auk laaterhen up Missionsreisen göng un dao, klook wu he wör, äs „Dolmetscher" fungeerde. All dat wören Beliäfnisse, de he in sien Evangelium upschreef. Markus wüss, wovon he schreef. He stönn daoför in.

Dat wieset sick auk daorin, dat he nao Petrus' Daut gar nao Ägypten göng, wo he antlest in Alexandria von christenfeindlicken Pöbel as Martyrer to Daude kam.

Weil he nich affschwörde, häbt se em, mit 'n Reep *(Seil)* üm 'n Hals, hauch to Perde achter sick her trocken.

'N plötzlick Unnerwiär höölt dann siene Schergen devon aff, em up Stund dao auk noch to verbrennen. So bleef sien Lieknam unversehrt liggen, bis Christen Markus in Ehren bestatten konnden. Wuohl deswiägen auk is Markus de Schutzhillge bi Unnerwiärs un Katastrophen. Markus is Hölpe för mehr Fairness un Standhaftigkeit.

Könnden wi Markus äs Vörbild nich guet bruuken, bi all de Fakes un Polarisierungen, wodör geistig Unnerwiär in de Welt kümp, womit wi us bekrieget? Markus wäre auk guet Schrittmaaker keggen den Klimawandel un Bistand bi Unnerwiärs, wo et allemaol drängend wäre, dao recht wat an to doon. Siene Hölpde gäff us sicher de naidige Kraft un Toversicht debi.

Uut deepe Naut roop ick di to

1 Uut deepe Naut roop ick di to,
o Gott erhör mien Flehen.
Ach, hör mi an, wat wär ick froh,
ick könn wier uprecht gehen.
Denn ick bruuk Gnad, drüm kiek et an,
wat Sünd un Schand so maaken kann.
Help mi, süss gaoh'k togrunde.

2 Drüm help mi up, uut miene Qual,
ick will all's guet wier maaken.
Süss bliff et üm mi dürr un kahl,
dao könnt ick noch so raaken.
Denn du alleen bis Rettung mi,
dör di alleen kann'k werden nie.
Ick bitt di, häb Erbarmen.

3 Et steiht in diene Macht alleen,
de Sünd us to vergeewen.
Süss komm wi nich mehr up de Been,
süss könnt wi guet nich liäben.
Laot us di ehr'n in use Naut,
dat wi up Dien Erbarmen baut;
wi göngen süss togrunde.

T: und M: Martin Luther 1524, Üb: Otto Pötter 2020

KARFRIEDAG

Kiene Naut, ohne Toversicht. För alle is Karfriedag maol

För alle is Krafriedag maol,
off wiet noch hen orre gar baoll ...
Dat use Liäben endlick is,
ja, dat is sicher, ganz gewiss.

Nich eener in de Menskenrunde
kennt Jaohr off Dag, orre de Stunde.
Doch kümp för jedereen de Tiet;
Karfriedag is't, et is sowiet.

Wat nu? Wat dann? Well dat män wüss.
De Welt lött us in' Ungewiss.
Doch statt Finale un Mallör
spriäkt Christen hierbi anners dör.

Hier kieket wi män „unvollkommen",
de „rechte Sicht" is us noch nommen.
„Dann aber" kenn wi 't ganz un gar;
so mäck de Bibel us dat klar

Well daovan nix nich wietten will,
de sie bi dat män leiwer still.
Wat he auk up de Riege krich,
biätter is dat sicher nich.

Un quiäl wi us auk noch so sehr,
bloß well dr glöff, vertruut up mehr.
Gott Dank singt se in Kerkenlieder:
Mit Ostern geiht et änners wieder!

Wi Christen bruuket kien Begaosken;
(beschwichtigen, herunterreden),
wi glöwt an mehr, drüm fier wi Paosken!

Gott alleene wendet Naut,
et bliff mit em kien Weh up Erden;
wat minn maol wör, dat wäd nu graut,
vull Kraft un Glanz, üm nie to werden.

Allen Mensken steiht peraot,
Gottes Raot.

Otto Pötter 2021

Dat Körn för sick mott stiärwen

1 Dat Körn för sick mott stiärwen,
ansüss bliff et alleen.
De eene liäwt von' ännnern,
nich een kann solo sien.

2 Ümwandlung is 't Stiärben,
in' Daut sitt dat Liäben.

3 So gaff Jesus sien Liäben,
nich dat wi hier liäwt blind.
Dat wi mit Heil un Siägen
bi em uphuoben sind.

4 Ümwandlung is 't Stiärben,
in' Daut sitt dat Liäben.

5 Dat Braut mit em im Bunde
steiht us dör em to Wehr.
Dör siene Osterkunde
kann us de Daut nix mehr.

6 Ümwandlung is 't Stiärben,
in' Daut sitt dat Liäben.

M: Johann von Lauermann 1972, Plattdeutsche Textfassung: Otto Pötter 2020, in Anlehnung an Lothar Zenetti 1972

Paosken

An' Ende steiht us de Hiemmel uopen.

Dat is de Dag, den Gott häff maakt

1 Dat is de Dag, den Gott häff maakt,
de Freud in alle Welt häff bracht.
Et freu sick, wat sick freuen mag,
heel wunnerbar is düsse Dag!

2 Verkläöret is dat Weltenleed,
dat dat auk jedereene weet:
Besieget is mit Macht de Daut,
et quiälet nich mehr Pien noch Naut.

3 Wi kieket up to Jesu Christ,
to em de Freud un Huopnung is.
He is us alltiets Schutz un Schild,
wat he us upgiff is, wat gilt!

4 Drüm singet wi mit Klang un Schall,
dat düütlick werd et üöwerall:
Wi glöwet dat sick all's guet riegt,
mit Jesus Christ dat Heil offsiegt!

M: Christian Fürchtegott Gellert 1757, T: Martin Luther 1539,
Üb: Otto Pötter 2020

16. Mai: Johannes Nepomuk
Rejell un ehrbar verschwiegen

Oft steiht up Waaterbrüggen Nepomuk, siet 1735 auk in Rheine up de aolle Iemsebrügge. Unner sienen Sokkel is mehrst to liäsen:

Unter deinem Schutze schirme uns, Johannes Nepomuk.
Halte unsere Zunge im Zaum
und mache sie durch Schweigen beredt
für Vertrauenswürdigkeit
und ein gedeihliches Miteinander.

Johannes Nepomuk (1345–1393) wör nen ehrbaren Pastor un Gelehrten in Prag. Dao kreeg he et met sienen Könnig Wenzel to doon, de von em wietten woll, wat siene Frau em bichtet harre. Doch auk vör Macht un Krone knickte Nepomuk nich in. Söwwst bi grüelick Quiälerie wahrde Nepomuk dat Bichtgeheimnis. Daoför leit em de Könnig antlest van de Prager Karlsbrügge in de Moldau smieten.

De Mensken aower keeken up bi so nen uprechten Mann, de rejell, ehrbar un verschwiegen wiäsen wör. Up so Mensken konn man up an. So ne Haltung spröök sick wiethen rüm.

De Nepomuk up Waaterbrüggen möchte us daoran erinnern, dat auk wi alltiets rejell un ehrlick mitenanner ümgaoht, üöwer annere nich schandmuulsk hertrecket, schwiegen könnt un to dat staoht, wat gedeihlick un nich verwerflick is.

Denket wi vandage bloß an den *Medienrummel,* wo et mehrst bloß noch üm Sünd, Schund un Schande geiht. Längst staoht wi in Gefahr, dat dör all dat Schlechte un Unehrlicke de Welt vergiftet wäd. Wi härren vandage *Nepomuks* naidiger denn je. Daobi hölp us all guet de aolle Nepomukregel:

Muorns vört Upstaohn
fief Minuten für wat Guedet beeden –
un aobends vört Inschlaopen
fief Minuten för wat Guedet danken.

Schön denn auk, dat de 16. Mai för so wat steiht un us mit den Nepomukdag deran erinnert, achtbarer tesammen ümtogaohn, sick aower auk nich unnütz in Gefahr to brengen.

Pingsten

Klaorsicht un Erlöchtung

So „erdenschwuor" wi Mensken auk sind, aower häw wi nich alle auk so wat es 'ne Sehnsucht „nao buoben"? Küer wi de doch nich ümto. Denn wenn Kopp un Hiärt nich guet bineene sind, löpp wat twiärs *(quer)*. Wat us mehrst feihlt is de *stärkende Energie* (orre wu immer wi dat auk nennet). In us is wat, dat krich de Kopp nich klaor. Et „äußert" sick in „ne Ahnung von mehr"; et is wat, wat us „hauch hölt".

Wi sägget wuohl nich ümsüss, wi föhlden us es in siemmden Hiemmel; denn ineens daomit gaoht Geföhle von Klaorheit un Glück. Us schinnt all's up maol „transparent", dat nemmt de Angst un mäck us wiet.

Stimmt aower wat nich, geiht et met us daale, wi sind „down"; us is, as härre us wat runnertrocken. Von Ärger, Angst un Bange heelmaol infangen, geiht de Blick gar nich nao buoben mehr hen; wi kieket bloß noch wehrig üm us to orre bedrüöwelt nao unnen hen.

Erst wenn sick us Lecht un Klaorsicht wieset, geiht et wier in de Höchte met us. Dat is so.

Et sind geistige Kräfte, de us hauchhaollt. Tatsächlick giff et Tieten, dao schütt, oh Wunner, dao rüttelt us wat dör, dao wieset sick us up maol wat, wat üöwer usen Vestand geiht. Wi sind „inspiriert" *(spiritus, de Geist)*. Wat wör dat? Wi könnt et nich säggen. Aower wi sind begeistert, et is us heel änners up maol. Et lött sick auk säggen, dat kaim en Pingstwunner liek.

So mott dat 50 Dage nao Paosken auk de ersten Christen ankommen sien. Denn as sick daomaols de Frönde Jesu, metsamt en Haupen Gäste trööfen, üm Petrus to hören, wat he von Jesus to säggen wüss, laiten sick dao vielle glieks dööpen. Ne wunnerlicke Stimmung steeg debi up. De Lüe keeken sick an un konnen et nich recht begriepen, wat dao up maol so vör sick göng. Lukas häff dat so fasthaollen (Lk 2, 1–11):

"Es geschah so etwas wie ein Brausen vom Himmel ... Dabei wurden die Menschen erfüllt vom Heiligen Geist. Obwohl jeder in seiner Sprache redete, verstand jeder jeden im Lobpreis Gottes."

Wunnerlick? Ja. Aower et is betüügt: "Up maol verstönnen sick alle." Jeder up siene Art verstönn, worup et as Christ ankamm: Mit Gott's Hölpe in Intracht tesammen liäben, so, es Jesus et us lehret harre, "von neuem Geist erfüllt".

Sietdem fiert de Kerke up Pingsten Geburtsdag. Denn erst recht vandage föhlet wi us äs Christen weltwiet verbunden; verbunden, üm in Intracht änners, aower biätter to liäben.

Nöhmen wi dat Pingstlicke mehr in us up, könnden wi auk met usen Geist "begeisterter" liäben. Et söhg änners uut in use Welt; denn: *"Es soll nicht durch Heer oder Kraft, sondern durch meinen Geist geschehen, spricht der Herr Zebaoth."* (Sach 4,6) Et is düt Wort uut dat Book von den Propheten Sacharja, wat Pingsten uutmäck. Nich druphauen, sönnern met Hiärt un Siäl, also met gesunde „Geisteskraft" to Werke gaohn: Ach, wör et doch alle Dage Pingsten!

Somit treck Pingsten sick eenlicks dör use ganze Liäben. Auk wenn wi Mensken daobi wuohl maol Fehler maaket, so is et doch guet to wietten, dat wi daomit nich alleene staoht, dat annere us helpet, wenn et naidig is, dat wi us keggensietig unner de Arme griepet, dat wi us äs Christen alltiets in use Gemeinde guet annuommen weet'.

Guet hierto päss Max von Schenkendorfs (1783–1817) Pingstriemsel:

Pingsterlöchtung

Du bist nicht ganz von uns geschieden,
du nimmst dich uns'rer ewig an.
Auch unser Herz ist nicht zufrieden,
mit dem, was hier schon ist getan.

Drum hast den Tröster du gesendet,
der hier für uns ist Heil'ger Geist;
der Licht und Kraft uns allzeit spendet –
und Gutes unsrer Seel verheißt.

Bin ich dann innerlich ganz offen
für diesen starken, guten Freund,
so wird erstarken auch mein Hoffen –
bis meiner Seel das Licht erscheint.

Nach Max von Schenkendorff, 1783–1817

Hill'ge Geist, spend mi dien Lecht

Hill'ge Geist, spend mi dien Lecht
ümdat mien Denken löchtet
dör all dat dimstrig Spöökgeflecht,
un sick daalüürig Werks wier höchtet.

Kläöre, wat to klären is
mit Klaorsicht düütlick uut,
ümdat daobi auk mien Gesicht
sick wieset frohgemut.

Wirk dör mi un stärke mi,
dat lichthen is mien Doon,
un Guets bewirket, wat ganz nie
hier glänzen will all lange schon.

Dördringe mi met Energie,
de et ansüss hier so nich giff.
Erfreue mi mit Phantasie,
dann krich mien Liäben Kniff un Pfiff!

Otto Pötter 2015

Gott's Geist dörwirkt dat ganze All

1 Gott's Geist dörwirkt dat ganze All
mit Energie, de stärket.
Ja, söwwst de Sterne, ohne Tall,
iähr Lecht sick in em briäket.
So ganz un gar von Glanz un Lecht
is vull den Kosmos sien Geflecht,
mit Jubel, Halleluja!

2 Gott's Geist dörwirkt dat ganze All,
mit Liäbenskraft up Erden.
Well dao noch fröch, wat dat wuohl sall,
draff driester nich noch werden.
Denn dat is to verkennen nich,
dat Gottes Geist in nix nich schwich;
all's jubelt: Halleluja!

3 Gott's Geist dörwirkt dat ganze All,
mäck nie, wat is hinfällig.
He röppt to sick mit fienen Schall,
ümdat et liäwt wier hellig.
Un dat mit Jesus Siet an Siet,
dör alle Fährnis, dör all' Tiet,
froh singend: Halleluja!

T: und M: Nicolas Decius 1539, Üb: Otto Pötter 2020

Du hill'ge Geist, komm up us daal

Du hill'ge Geist, komm up us daal;
breng Lecht, wat düüster is un fahl.
Straohle Glanz in düsse Welt.

Komm, de us to Anmoot driff.
Komm, de Kraft un Schwung us giff,
so dat wi uprecht us hier stellt.

Komm, de Traust us giff in Naut,
de söwwst up Scherben noch wier baut,
richte up, wat daale lich.

Help maaken us, wat biätter kann,
un auk wat säggen, jüste dann,
wenn alles änn're knipp un schwich.

Komm, de Mumm us giff, wenn 't mott,
de us bewahrt vör schier Verdrott,
de Been us mäck met Kraft.

Gewe us nen klaoren Blick,
dat vöran kommt wi, Stück üm Stück –
un so den heelen End guet schafft.

Otto Pötter 2016

29. Juni: Peter un Paul

Petrus – Gloov un Wankelmoot / Saulus, Paulus – Ümkehr un Bekenntnis

Siet an Siet staohet in den Hilligenkalender an' 29. Juni Peter un Paul. Beide wieset met iähr Liäben all dat, wat Glooven uutmäck: Toversicht iäbemso es Wankelmoot, aower auk Inkehr, Reue un Bekenntnis.

Beiden wören gar nich so „lammfromm" wu wi et faken wuohl gerne härren. Beide harren iähre Nücken, aower iämso auk 'n guet Hiärt. Un beide harren „Kopp un Knuoken", leiten sick nich inschüchtern un stönnen för dat, wat iähr Liäben uutmöök. Un doch harren beide unnerscheedlicke Charakters. Mehr noch, wör Petrus en „eenfachen" Fisker, so wör Paulus en grauten „Gelehrten". Un doch konn eene nich ohn den annern. Is dat in use Liäben oft nch liek so? Egaol off Steenklopper orre Magister, för sick alleene is nich eenen wat. Wäd auk *de zerstreute Professor* faken von *Otto Normalverbraucher* nich för vull nommen, so naidig häff *dat eenfache Volk* ännersrüm de Gelehrten, de wieset, wo et hengeiht. Feihlt et de klooken Köppe aower an Buodenhaftung, staoht se sick liek met Klättkers *(Maurer)*, de mehr küert, äs müert ...

Un noch wat lehret us Peter un Paul: wi alle häbet von beiden wat. Daobi is „affkieken" aff un an gar nich so schlecht. Dat Doon aower, dat mott jedereen met sick söwwst affmaaken. Ja, dat kann manchs deniäben gaohn, so es bi Petrus. Et is antlest aower kiene Schand, sönnern baut up, wenn man den rechten

Dreih wier debi krich. Un dao gehört Reu, Ümkehr un Muot to.

Von Muot för den rechten Dreih harren Peter un Paul beide genoog; Paul, well ja vörher Saulus wör un so sien ganz eegen Pingstbeliäfnis harre un Petrus för siene Ümkehr von nen Laigenbüül hen to „Petrus, der Fels". Beide stönnen för dat, wat se liäweden. Beide wören up iähre Art „echt". Bis antlest. Dat häbt se sick söwwst in Rom von Kaiser Nero so üm 55 herüm nich nemmen laoten. Se mossen daoför iähren Kopp laoten.

Beide, Petrus un Paulus, staoht jüst vandage för „den konfessionellen Gegensatz"; hier Petrus met dat Papstamt un dao Paulus met de von em grünnede „Theologie der Rechtfertigung", an de sick de Luddersken haollet.

Beide göng et von Grund up aower üm Jesu Vörbild för us un daomit aower auk üm ne christlicke Kultur in de Welt, met Freed un Intracht as Ideale. Drüm draff et auk „beide Kerken" vandage nich devon affhaollen, endlicks mit Muot för dat Graute un Ganze up de „Einheit för us Christen" antostüeren.

Peter un Paul könnden us mehr Kuraasch deto gewen.

9. September: Maria Euthymia

Schwester in schwuore Anliegen

Wat lött Jaohr för Jaohr Duusende von Mensken nao Mönster in dat Euthymia-Zentrum bi de Clemens-Schwestern kommen?

"Beten, Bitten und Danken", säch eene, de dat wietten mott, Schwester Raphaelis. Dag för Dag kaimen Stund üm Stunde Mensken uut aller Herren Länder, gar wiet von anner Kontinente her, üm an dat Graff von Maria Euthymia to beeden. Se wären ungetellt, all de Mensken, de sick in Naut un Drangsal von Schwester Euthymia annommen föhlden.

Schwester Euthymia is in use Mönsterland de graute Fürspriäkerin. Se is eene van us, konn auk guet Platt un göng nich hauch upschüött' *(war schlicht und einfach und hielt sich nicht für etwas Besonderes)*. Papst Johannes Paul II. häff se an' 7. Oktober 2001 siälig spruoken.

Up 'n Buernhoff an' 8. April 1914 in Hopsten-Halverde as Emma Üffing geboren, göng de gelernte Huushöllske 1934 in de Kongregation von de Barmherzigen Schwestern (Clemens-Schwestern). Se lööt sick dao äs Krankenschwester uutbilden un stüörw an' 9. September 1955 äs Schwester Maria Euthymia in Mönster. Iähr Gedenkdag is iähr Stiärwedag.

All to Liäftieten sprööken de Mensken, de et mit iähr to doon kreegen, von Euthymia as den "Engel der Liebe". Se wör wiet mehr, äs ne fromme Schwester. Uut de Frau steeg wat up, wat an sick üöwer dat Normale heruutgöng. Alle, de se kannden sachen: „Bi Euthymia wäd et di warm üm 't Hiärt."

De guede Schwester wör sick för nix to schade. Egaol wat wör, se dai mehr as se konn. Nich eenmaol, dat se Nefeil *(eine Absage)* gaff. Se drückte sick vör nix. Kneepen annere un wünken bi Ungeliägenheiten aff, so sach se ruhig un fröndlick up Platt: „Ick kann dat wuohl."

Se keek de nich eenmaol verdreiht bi drin. Niäben de hatte Arbeit kümmerde se sick noch üm verwundete Kriegsgefangene un kranke Zwangsarbeiters. Uut frie'e Stücke üöwernamm se Nachtwachen un höölt mit Gebet un Tospruok Stiärwende de Hande. Se woll ganz eenfach nix änners, äs ganz in Christi Sinne de Mensken guet sien. Se keek van sick aff, üm mehr to seihn.

Nao iähr Huuse schreef se es maol: „Der liebe Gott soll mich brauchen, ein Sonnenstrahl zu sein, der den Menschen leuchtet."

Et is betüüget dat de Sönne in' glieken Moment Kraft kreeg un hell up dat friedlicke Gesicht von Schwester Euthymia scheen, as se stüörw. Et schinn, von nu an göng noch mehr Freed un Kraft uut von den „Engel der Liebe".

Hiärwstwallfahrten

Solang wi liäwet, sind wi unnerweggens

Pilgern gehört siet Menskengedenken to ne ganz eegene Art von Frömmigkeit. Wier to sick finden, mehr up dat achten, worup et ankümp. Et schinnt, jüst vandage is dat „heilwirkend". Mönster- un Emslänner giewwt dao all siet Jaohr un Dag wat up. Siet 1776 pilgert se an' 8. September to Maria Geburt von Rheine nao Telgte. Et sind Jaohr för Jaohr immer noch so üm de 650 Pilger! Wu oft se wuohl up den langen Pilgerpatt dat „ora pro nobis" *(Bitte für uns)* spriäket?

Kineene, de dao eenfach so mitlöpp. Jedereen löpp in sien eegen Anliggen; nich weinige antlest met Blaosen an de Fööte. Doch dat gehört de auk met bi, bi dat Pilgern, Tiähne tesammenbieten, upstaohn, un dann wieder. Bloß nich jamken. So es in' Liäben oft auk. Üöwerhaupt, well as Pilger guet üöwerkommen will, de mott von sick sömms affkieken.

Gellet dat nich iämso auk för use Liäben, för use „Pilgerreise" hier up Erden?

Well bloß up sick sömms kick, de finnet auk alltiets wat to Jammern un to Stüöhnen; de geiht annere bloß up de Nerven un kümp nich vöran. Auk süht he nich, wat et all's so Schön's längs den Patt giff.

Nich to heet un nich to kaolt is de September ne allemaol prieslicke Pilgertiet. Et is, as woll de Natur de Pilgers noch gau met Extragawen wat Guets doon, offwuohl uut dichte Bööken all dat erste giälle Löchten upstich. Ja, dat Jaohr kippet wanner. Aower so is dat, all's geiht vörbi. „Ora pro nobis." Wi häbt et alle naidig...

Aolle Knubben von Koppwieden staoht still ächten an de Iemse *(Ems)*. Up de Weide, längssiet, trappet nieschierig blondmähn'ge Haflinger up de Pilger an. Un längs den Patt recket sick hauch uut 't Gräs de Silverdisseln, so as wären se gar nich bange vör de ersten kaollen Nächte. Jüst es 'n Wallfahrer, de uprecht geiht un sick an eens bloß hölt: „Ora pro nobis".

Schön, dat et so wat giff.

Deo gratias.

13. September: Tobias

Gott is mit di

Up dat Aolle Testament terügge geiht de Naome *Tobias* (13.09.). Tobias päss guet in use „globalisierte Welt". Daobi is Tobias all in et Aolle Testament 'n ganzet Book widmet (Tob 1–14). Tobias wör de guede Süöhn, de för sienen stockblinden Vaa ne gefäöhrlicke Reise von Ninive nao Rages up sick namm, üm för den aollen Mann wat keggen siene Blindheit intohaalen.

Offwuohl riskant, göng he in Toversicht sienen Patt. He wör sick wisse, dat den Erzengel Raphael em to Siete stönn. Wuohl nich van ungefähr, denn de Naome *Raphael* hett sovull es „Gott heilt".

Nao allerlei Hen un Her kreeg de Aolle dann auk nao de beschwerlicke Tour up wunnersam Art un Wiese sien Aogenlecht wier. So de bibliske Geschichte.

Siet de Tiet hett „Tobias" sovull es „Gott begleitet dich", also, Gott is bi di. Du stromers nich alleene dör de Welt. – Jüst in use globalisierte Welt, wo et allmänto he nun her geiht, steiht *Tobias* för dat Vertruen, dat wi nich alleene sind; dat use Schutzengel us to Siete steiht un Gott alltiets met us is. Wat schön, dat us dat Tobias nich vergiätten lött.

> *Blinde krieget Lecht gewahr,*
> *Stumme könnt up maol wier singen.*
> *Gottes Engel bannt Gefahr,*
> *will sien Heil us alltiets bringen.*
> *Allen Mensken steiht peraot, Gottes Raot.*

24. Sepember: Lambertus

Lecht un Freude, wenn et dimstrig wäd

Siet Ende von et 18. Jaohrhunnert giff et in Mönster dat Lambertusspiell. To Ende von de Erntetiet gaff man unner Kränze, de üm de Lambertikerke herüm üöwer de Straoten hüngen, den Sommer Kehruut.

Düssen schönen Hiärwstbruuk wollen auk de Lüe buutendüörps nich missen. So von 1810 an smückeden met Hiärwstblomen un Heidekruut ümwickelte Lechtpyramiden so männig Düörpken. Besönners för Mägde un Knechte wör et niäben dat Schützenfest noch 'ne schöne Affwesselung vör de dunkle Jaohrestiet. Nich mehr lange, un et wuord usselig un dimstrig.

Kinner mööken uut düt Lambertusfest met de Tiet dat „Kääsken" *(Kerzen)*. Hand in Hand tröcken auk wi noch as Kinner mit Gesang to Lamberti keegen Aobend dör de Naoberskup un süngen bi Latüchten *(Lampions)*: „Laterne, Laterne; Sonne, Mond und Sterne. Brenne auf, mein Licht, brenne auf, mein Licht, aber nur meine liebe Laterne nicht."

Lecht. Wat säch us Lamberti vandage?
Biätter 'n bettken Latüchtenlecht,
äs üöwert Düüster to schimpen.
Un noch wat, wat us Lambertilatüchten in' Hiärwst säggen könnt: Tesammen Lecht maaken, giff Muot un döt guet. Man sall un mott nich dat Lecht von anner Lüe uutpuußen orre dömpen, üm dat eegene Lecht löchten to laoten.

11. November: Sankt Martin

Deelen – Mitgeföhl – Hölpe

Martin steiht för Deelen, Metgeföhl un 'n gerecht Liäben. Martin steiht för de Fraoge, off wi wiederhen in so ne ungerechte Welt liäben willt, wo billige Arbeitskräfte, Flüchtlinge un Hungerleider nich in noch uut mehr weet'? Martin stött us an, wenn wi in guet Tüüch *shoppen* gaoht un tesammenkaupet, wat oft ohne Erbarmen för Hungerlöhn tesammenwerkelt is. Martin fröch us: „Wo sall dat hengaohn met so ne ungerechte Welt?"

Eenlicks härren wi et alle Dage mit Martin to doon. Auk Martin wieset us wier, dat de Hilligen us dör iähr Liäben up de Sprünge helpen könnt. Martin giff alle Armen nen mensklicket Gesicht.

Mit Martin ennet aower auk an' 11. November dat Buernjaohr. Nu mott auk de lessde Ernte drin sien. Fröher göng et up den Winter hento oft ümt Üöwerliäben. Drüm mossen auk an düssen Dag fröher de Buern an iähren Patron de Pachten betahlen un buobendrup met Naturalien daoför suorgen, dat se alle guet dör 'n Winter kammen.

De Kinner mööken sick up iähre Art 'n Spiell daoruut, dat Heischen. Von daoher de Martinsumtööge met Latüchten un Gesang.

Ick gaoh mit miene Latüchte

1 Ick gaoh mit miene Latüchte
un miene Latüchte mit mi.
Dao buoben löchtet de Sternkes,
un unnen hier löchtet wi.
Mien Lecht geiht uut,
still, nich so luut,
rabimmel, rabammel, rabum.
Naohuuse nu,
ick bruuke Ruh,
rabimmel, rabammel, rabum.

2 Ick gaoh mit miene Latüchte
un miene Latüchte mit mi.
Dao buoben löchtet de Sternkes,
un unnen hier löchtet wi.
De Martinsmann,
de geiht vöran,
rabimmel, rabammel, rabum.
Us wiest de Mann,
well helpen kann,
rabimmel, rabammel, rabum.

3 Ick gaoh mit miene Latüchte
un miene Latüchte mit mi.
Dao buoben löchtet de Sternkes,
un unnen hier löchtet wi.

De Hill'ge Mann
nemmt Angst un Bang
rabimmel, rabammel, rabum.
Lecht löchtet wier,
schier Hiemmelszier,
rabimmel, rabammel, rabum.

4   Ick gaoh mit miene Latüchte
un miene Latüchte mit mi.
Dao buoben löchtet de Sternkes,
un unnen hier löchtet wi.
Komm'k nich torecht,
bruuk ick mehr Lecht
rabimmel, rabammel, rabum.
Von Hiemmel kömmt,
wat Angst mi nemmt,
rabimmel, rabammel, rabum.

Laternenlied zu St. Martin aus dem 19. Jahrhundert,
Üb: Otto Pötter 2020

30. November: Andreas

Starkmoot, Ansporn un Gloovenskraft

Man säch, Andreas wör en Bruor von Simon, laaterhen *„Petrus, der Fels"*, den ersten Papst. Se kamen uut Kapharnaum an' See Genezareth, wo Jesus in de Synagoge dao oft dat Wort namm un to de Mensken spröök.

As de ersten beiden Apostel tröcken Petrus un Andreas met Jesus üöwer Land, üm Gott's Heil to verkünnigen. Nao Jesu Daut kreegen beide et glieks met de Christenverfolgung to doon. Et wören geföhrlicke Tieten daomaols unner de röömsken Regenten. Doch sowuohl Petrus es auk Andreas höölden dat Krüüß hauch.

Besönners Andreas bekannde sick ohne Angst un Bange as Christ, wuohl auk, weil he mannhaft wat vörstellen konn un, wu man so säch, wat up 'n Kasten harre. Nao all dem hett *„Andreas"* auk so vull es: der Tapfere, Starke, Mutige.

Dat moss he antlest aower met sien Liäben betahlen. He stüörw an' 30. November den Märtyrerdaut up 'n schräg Krüüß in Längs- un Querrichtung, so es 'n X. Sien Daudendag wäd all siet et 4. Jaohrhunnert amtlick in de Kerke in Ehren haollen.

Amtlick is vandage auk dat Andreaskrüüß an de Bahngleisen. Se häbt et dao wuohl nich ümsüss *„Andreaskreuz"* nannt, et sall us säggen: „Achtung, Uppassen!" Also kiek üm di, bevör du de wumüöglick bi daale kümms. Man könnde auk säggen: Andreas will us daoto anhaollen, guet dört Liäben un nich unner de Raders to kommen. Et is, as kreegen wi to hören: „Pass up di up! Laot di nich unnerkriegen. Et wäre schade üm di, wenn du up de Strecke bleefs."

Recht bedacht lött sick to Andreas, nu jüst met Beginn von de Adventstiet, dat Andreaskrüüß in een Riege stellen mit Glocken, Kiäßen, Stiärne un Barbaratööge (Barbara, 4. Dezember), allesamt sind et Liäbenssymbole. Un päss Andreas nich auk guet to de adventlicke Botschaft, alltiets wachsam to sien?

Andreas könnde us bibrengen, jüst nu Ende November, Anfang Dezember, öfters es maol innetohaollen, wachsam üm us to kieken üm achtsamer dört Liäben to gaohn, keggen all den Wiehnachtsrummel an, de mit Wienachen ja nix mehr to doon häff.

Stattdem sick in Ruhe villicht es maol fraogen: Wat häff Vörfahrt in mien Liäben? Well orre wat mott wochten orre trüggestaohn? Auk in use Liäben bruukt et klaore Regeln, üm mit Starkmoot, Ansporn un Gloovenskraft vöran to kommen.

Noch wat: Immer steiht dat Andreaskrüüß an Üöwergänge. Auk in use Liäben giff et alltiets Üöwergänge; Wiäge krüüßet sick, Mensken kommet un gaoht, dao hört wat up un hier fängt Nie's an. Jüst auk dann bruukt et Handwiesers, „Wegweiser", üm up 'n gueden Patt to bliewen.

Nich ümsüss maaket wi jä auk bi Wahlen Krüüßkes, „Andreaskrüüßkes". Also: Nu aower Farbe bekennen! Woför stimm ick? För wat gieff ick miene Stimme her? För wen orre för wat maak ick Stimmung? Wu sall et wiedergaohn? Ja, Andreas un noch maol Andreas; et giff vull wichtige Momente in use Liäben, wo us jüst Andreas guet Hölpe bi sien könnde.

Allehill'gen un Allesiälen

Ähren un Seise

Met de Dage wasset dat Körn in de Wiäken,
un mit de Wiäken to Ähren för de Seise;
aower erst dör de Seise
wäd daoruut Braut un Speise.

Geiht dat den Kopp auk wuohl wat quer;
et is, es 't is,
et geiht üm mehr.

Mit de Dage riepet wi in de Jaohre,
un met de Jaohren to Erntegawen för den Daut.
Aower erst dör den Daut
werdet wi richtig graut ...

Geiht usen Kopp dat auk wuohl quer;
et is, es 't is,
et geiht üm mehr.

Otto Pötter

Wi sind bloss Gast up Erden

1 Wi sind bloß Gast up Erden
un laupet, Frau un Mann,
mit männiglei Beschwerden
up use Heimat an.

2 Verlaoten sind de Wiäge,
oft stocket us de Been;
nich Stütze un nich Driäge
seiht wi, wi staoht alleen.

3 Eenzig in triste Wiete
löpp mit us Jesu Christ.
He steiht us trüe to Siete,
wenn all's verlaoten is.

4 So müög he us behüten,
wenn wi es nich mehr könnt.
Dat he in siene Güten
us dann sacht to sick winkt.

M: Adolf Lohmann 1938, Plattdeutsche Textfassung:
Otto Pötter 2020, in Anlehnung an Georg Thurmair 1935

Plattdüütske Truerspröök

Du guede Gott, an use End
schenk Liäben, dat kien Ende kennt.
Führ us, met Jesu trüü Geleit,
int Lecht van diene Herrlichkeit.

Wat ick so konn, dat häb ick doon;
vull Toversicht will ick nu gaohn.

Wi gaoht mit den Daut hier nich bloß weg,
wi kommte auk dao an, wo et hengeiht.

Du guede Gott, an use End
schenk Liäben, dat kien Ende kennt.
Führ us, mit Jesu trüü Geleit,
int Lecht von diene Herrlichkeit.

Brengt wi et hier auk noch so wiet,
et is män för ne lütke Tiet.
Eens is up Erden us gewiss: Nix bliff alltiets so, es et is.
Bloß eener bliff sick liek in allet,
he hölt us auk, wenn deep wi fallet.

Geiht et auk nich ohne Stiärben,
Danke fü mien guede Liäben.
Miene Kraft is nu to Ende,
doch is se mi hier nu de Wende,
för ewig, ohne Angst und Pien
unvesehrt bi di to sein.
Doch de ick hier mott trügge laoten,
behööde üöwer alle Maoten!

Otto Pötter

Adé, dat döt oft weh

1 Hett et Adé, döt et oft weh.
Doch jüst dat Scheiden mäck,
dat Liäben wiedertreck.
Drüm säch: „Adé" – döt et auk weh.

2 Hett et Adé, is et es Schnee.
Wat föllt in Küllde bi Nacht,
wäörmt nie'e Planten ganz sacht.
Jedet Adé, wesselt es Schnee.

3 Hett et Adé, mäck dat auk free.
Is dat Losslaoten auk schwuor,
stich nie'et Liäben empor.
So is Adé, Luv auk un Lee.

Drüm:

4 Hett et Adé, säch nich glieks: „Nä."
Allet bruukt siene Tiet,
bis et dann is sowiet,
met dat Adé – ohne Ohje …

M: Volksweise 1816, T: Hoffmann von Fallersleben 1835,
Üb: Otto Pötter 2020

Advent
Wochten – Langmoot - Huopnung

Kümp et mit den Advent mehrst lück kaolt deher, löchtet nu tüsken all de Sternkes wiethen in' Osten, hell glämmend, de Muorgenstern. Dat is 'n wunnerbar Beld. Wu mag erst vör Jaohr un Dag üöwer Bethlehem de Wiehnachtsstern löchtet häm'n?

Nich ümsüss spriäket us üm düsse Tiet helle Sterne un löchtende Kiäßen an. Egaol wu dunkel et is, een Fünksken Lecht löchtet all vull wat an Düüstern wech, et lött us upkieken un huopen. Dat dött guet, jüst in de schummrige Wintertiet.

Daoto giff et ne schöne Adventsgeschichte. Man mott bloß es lück stille sien, dann lött sick vernemmen, wat us de Kiäßen so sägget.

De erste Kiäße säch: „Ick sin den Freeden. Mien Lecht löchtet, män de Mensken haollt kienen Freeden, se willt mi nich. Ach, immer lütker wäd mien Lecht. Ick kann nich mehr. Adjeu." Oh je. De erste Kiäße is all uut.

De twedde Kiäße flickskert un säch: „Ick sin de Gloove. Aower mi düch, de weinigsten willt mi noch. Üm mi schert sick nich eenen mehr. Wat sall ick denn noch löchten? Woför?" Dat dömpet de twedde Kiäße un se geiht uut.

De deerde Kiäße lött den Docht auk all hangen. Se säch: „Ick sin de Leew. Wenn nu all de annern Kiäßen uut sind, feihlt mi de Kraft, dat ick noch löchten kann.

Gleiwt et mi, ick kann nich mehr. Mien Löchten waörmt nich eenen mehr. De Mensken gaoht mi wiet uut' n Weg. Et schinnt, se willt mi gar nich." So lött iähr Schien nao un, oh je, nu is auk de deerde Kiäße uut.

Doch up maol steiht 'n Kind in' Stuoben, süht den Adventskranz un röpp: „Wat is dat denn? Bloß eene Kiäße an? Ji Kiäßen up den Adventskranz, ji söllt löchten – un nich uut sien!" Un dat Kind grient.

Dao säch up maol de veerde Kiäße: „Kind, nu grien doch nich. Kiek mi an, ick sin de Huopnung. Solange ick brenne, könn wi auk de dree ännern Kiäßen wier ansticken. Moss mi bloß helpen."

Dao nemmt dat Kind nen Fidibus *(Kienspahn)*, hölt en an de veerde Kiäße un sticket de annern Kiäßen wier an. Noch so schön!

Advent ...

KÜNDET ALLEN IN DE NAUT

1 Kündet alle in de Naut:
Baolle kümp, de us uprichtet.
Drüm häbt Muot, daorüm vertraut,
dat sick nu bi us wat lichtet.

Kv An us Hiärt un Siäl will rüöhr'n
Gottes Süöhn.

2 Gott kömmt up us to mit Huld,
dat wi us to em bekennet.
He will lüösen use Schuld,
dat sick use Unheil wennet.

Kv An us Hiärt un Siäl will rüöhr'n
Gottes Süöhn.

3 Blinde kieket hiemmelwärts,
Stumme summet fiene Hymnen.
Unfröndlicke maakt nen Scherz;
wat verluorn, kann sick wier finden.

Kv An us Hiärt un Siäl will rüöhr'n
Gottes Süöhn.

M: Johann Rudolf Ahle 1662, Plattdeutsche Textfassung: Otto Pötter 2020,
in Anlehnung an Friedrich Dörr 1972

WIEHNACHTEN

Dat Fest för Liäben un Mensklichkeit

TO BETLEHEM GEBOREN

1 To Betlehem geboren, is us 'n lütket Kind.
Wi häbt et uuterkoren,
andoon daovon wi sind.
Eja, eja, andoon daovon wi sind.

2 In siene Leew ganz upgaohn, will ick so guet ick kann;
will ehrsam an de Kripp' staohn
un mit em gaohn mien' Gang.
Eia, eia un mit em gaohn mien' Gang.

3 Dat Kind, et sall mi wiesen den Patt hier hiemmelan.
Drüm will dat Kind ick priesen,
mit all's, wat ick so kann.
Eia, eia, mit all's, wat ick so kann.

4 Daoto et Gnad mi gebe, daonao verlang ick sehr.
Dat wiehnachtlick ick lebe,
in Freude Gott to Ehr.
Eia, eia, alltiets Gott gern to Ehr.

M: Volksweise um 1600. T: Friedrich Spee von Langenfeld 1638,
Üb: Otto Pötter 2020

STILLE NACHT

1 Stille Nacht, hill'ge Nacht,
allet schlöpp, bloß et wacht
heel glücksiälig dat Öllernpaar
un ne truulicke Hirtenschar;
denn dat Kind schlöpp sacht,
ja, dat Kind schlöpp sacht.

2 Stille Nacht, hill'ge Nacht,
Engel Gottes hollet Wacht.
Dör de Engel Hallelujao
klingt et fien von Fern un Naoh:
Christ, Gott's Süöhn is dao;
Christ, Gott's Süöhn is dao.

3 Stille Nacht, hill'ge Nacht,
in nen Stall, is us bracht:
Jesus, Retter, de Freedensboot',
de us schenket nee'en Moot.
Christ, de Heiland is dao;
Christ, de Heiland is dao.

M: Franz Xaver Gruber 1818, T: Joseph Mohr 1816, Üb: Otto Pötter 2020

Glücksiäl'g Niejaohr

Wi liäwet in de Tiet – un stiärwet mit de Tiet

Et is us geewen allemaol,
dat wi werd öller, Dag för Dag.
Doch is för us düt Schickesal
noch lange nich 'n Schicksalsschlag.

Us Mensken Los, dat is de Tiet;
se löpp met us dör use Liäben.
Se is nich dichte bi, nich wiet,
wi mött daomet sogar noch stiärben.

Se lött us nimmer nich in' Stich –
un renn wi auk, so heel von Sinnen.
Off et us dull mäck, orre nich,
de Tiet, wi könnt iähr nich entrinnen.

Doch christlick liäben, Dag un Stund,
dat is, wat wi alltiets wuohl könnt.
Dann dött de Tiet us daobi kund,
dat mehr äs Tiet is us noch gönnt.

De Tiet, egaol off aolt, off nie,
se mäck us nich dat Liäben schwuor.
Well Gott vertruut, is guet debi.
Drüm nu glücksiäliget NieJaohr!

Otto Pötter

D. V.

Mit Affstand un Anstand dört Jaohr

Tomiäten is us up Erden use Liäbenstiet. Wi könnt jä wuohl Kalenners maaken, aower Gott mäck de Tiet.

De Kalenner driff us faken, Gott aower will us immer wier infangen. Häw wi Tiet för em? Wann? Wenn et hauch kömmt, bloß so iäben noch bi Fierdage? Tschä, dann is in' Hurrah dat Jaohr auk all wier üm. Wat sind dat för Jaohre? Guede orre verjächte Jaohre? Verjächte? Nä, öfters es Pause maaken.

As ick mienen Kalenner es dörgöng, wünnerde ick mi, wat dao – wiet in vöruut – nich alls all wier drinstönn. Von all'm wat. Von Gott nix. Begräbnisse auk nich. Wu auk? Wenn et aower sowiet is, mott dao immer Tiet för sien, egaol wat is. Dao kam mi wat bi in' Sinn. Ick könnde hier un dao öfters eenfach es maol D. V. detüsken schriewen. Waorüm? D. V., dat hett, *Deo volente*, „so Gott will". Düt *D. V., Deo* volente, kümp uut den Jakobus-Breef, wo to liäsen is:

„Ihr aber, die ihr sagt: Heute oder morgen werden wir in diese oder jene Stadt reisen, dort werden wir ein Jahr bleiben, Handel treiben und Gewinne machen – ihr wisst doch nicht, was morgen mit eurem Leben sein wird ... Ihr solltet lieber sagen: Wenn der Herr will, werden wir noch leben und dies oder jenes tun."

Jak 4, 13–15

Dat sitt. Well is aower all so *„geistesgegenwärtig"* un denket dao aff un an es üöwer nao? D. V. ...

As ick in Mexiko liäwede, sachen de Lüe, wenn man mit iähr wat affmöök: „Si Diós quiére", „so Gott will". Et is, as kreeg man nen Stups in de Siete: „Langsam an, sie di män nich so sicher. De Tiet, met dat wat kümp, lich in Gott's Hand."

D. V. giff Affstand un wahret Anstand. Dat meinde Jakobus wuohl auk. Dat sall us auk vandage säggen: Maak di kienen Kopp üöwer dat, wat muorn is. Kröpp di nich up üm Nix. Doo nu män dat, wat dran is. Dao häs genoog met to doon. Un grabbel nich auk noch Gott debi drin. Merk di leiwer: „Ihr wisset weder den Tag noch die Stunde" (Matt 25, 13).

Also dann: Öfters maol Pause maaken un so met Affstand un Anstand dört Jaohr.

All's mit Sinn to Gottes Ehren

1 All's mit Sinn to Gottes Ehren
bi de Arbeit, in de Ruh.
Gottes Luow un Ehr to mehren,
ick verlang un alles doo.
Gott alleene will ick gewen
Hiärt un Siäl un all mien Strewen.
Giff, o Jesu, Gnad daoto; giff, o Jesu, Gnad daoto.

2 All's mit Sinn to Gottes Ehren,
denn sien Geist mäck heil de Welt.
Sünd un Schann könn wi so wehren,
ümdat mehr dat Guede tellt.
Gott alleen giff Kraft un Stärke
dör Gebett un siene Kerke.
Giff, o Jesu, Gnad daoto; giff, o Jesu, Gnad daoto.

3 All's mit Sinn to Gottes Ehren,
off in Freude orre Pien.
He alleene kann us lehren
wuvull better könnt et sien.
För em will ick gerne liäwen
un antlest in em auk stiärwen.
Giff, o Jesu, Gnad daoto; giff, o Jesu, Gnad daoto.

M: au dem Duderstädter Gesangbuch 1724, Plattdeutsche Textfassung: Otto Pötter 2020, in Anlehnung an 1 Str. Duderstadt 1724, 2.–3.Str. Georg Thurmair 1963

För ne sinnige Wiele

De Stille lött us biätter up dat lustern,
worup et ankümp.

Mit all use „Wissen"
feihlt et us män doch an de Gewissheit.

Et bruukt nen gueden Grund,
üm nich togrunne to gaohn.

De Gloove bruuket kiene Bewiese,
Henwiese sind em all genoog.

De Gloove häff et in sick,
uut sick heruut to wirken.

Je vager dat Empfinden,
ümso naidiger dat Gebet.

Dat Gebet
is de Brügge tüsken Hiemmel un Erde.

Well to Gott upkieken kann,
kann up Mensken nich daale kieken.

Liäwe so, dat von di wat naoblaiht.

De hillige Misse

*Wo twee orre dree
in mienen Naomen versammelt sind,
dao sin ick bi iähr midden detüsken.*

Matt 18, 20

DE HILLIGE MISSE

ERÖFFNUNG

EN HUUS VULL GLORIE WIEST SICK

1 'N Huus vull Glorie wiest sick
wiet üöwert ganze Land.
Deep gründet, es up ewig,
denn et steiht nich up Sand:

Gott, wi luowet di,
Gott, wi prieset di!
Du bis us in de Kerk,
hier alltiets Kraft un Stärk.

2 Standfest is et ümkränzet,
mit hauhge Tüörns gefeit.
Un buoben drup dao glänzet
dat Krüüß in Herrlichkeit:

Gott, wi staoht to di,
wi bekennet di!
Du bis us in de Kerk,
hier alltiets Kraft un Stärk.

3 Wuohl toset üm den Schutzwall
so männiget Gefecht;
Dann lüüd't de Klock met Hall un Schall,
in' Düüstern wäd et lecht:

Gott, wi huopt up di,
wi staoht fest to di!
Du bis us in de Kerk,
hier alltiets Kraft un Stärk.

4 De Kerke, de is bauet
up Jesu Christi Wort,
worup wi ganz vertrauet,
wi ehret düssen Hort:

Gott, wi baut up di,
wi vertraut up di!
Du bis us in de Kerk,
hier alltiets Kraft un Stärk.

T: und M: Joseph Mohr 1875, Üb: Otto Pötter 2020

Krüüßteeken

In Naomen van us Vaa, sienen Süöhn
un den Hilligen Geist. Amen.

Gruß

P De Herr sie mit ju.

A Un mit dienen Geist.

Inführung

P Leiwe Christglööwigen; hier findet sick an aolle Fachwerkhüüser üöwer de Niendüör oft de Sprook:

Düsse Huus is mien – un doch nich mien.
Bi'n Naichsten werd't nich änners sien.
Auk den Deerden driägt se ruut.
Dao säch mi: Wem gehört dat Huus?

Ne sinnige Fraoge. Wat is use? Mitnemmen könnt

wi nix. Un wat bliff? Ja: Wi sind bloß Gast up Erden. Wenn ick aower all nix mitnemmen kann, *woför* liäw ick?

Wenn wi hier nu düsse hill'ge Misse up Plattdüütsch fiert, so deswiägen, weil wi wat von use Vöröllern mitnommen häbt; nich Hüüser, graute Lappen an Land orre Büüls vull Geld. Nä.

Bliewwen is us 'n anner Erbe, 'n Erbe, wat nich to kaupen is. Et is de Art un Wiese, dat Liäben guet to bestaohn. Wenn ick all nix mitnemmen kann, woför liäw ick? Worde, de et guet meint, gaoht so licht nich kaputt. Un vandage lich et an us, wat daovon bliff.

In use aolle Spraoke is all dat infangen, wat von Genrassion to Genrassion dat Liäben von use Vöröllern uutmöök, wat iähr wichtig wör un wovör se us wahren wollen. An us lich et, dao nich minnachtig met ümtogaohn. Üöwerhaupt is us Christen anrao'n, met Werte guet ümtogaohn. As Menskenkinner föllt us dat nich immer licht. Wi sind nu maol nich alle ohne Fehl un Tadel. Wi bruuket Ümkehr un Gnade. So bekennet wi:

Allgemeinet Schuldbekenntnis

A Ick bekenne Gott, den Allmächtigen,
un alle Brüöers un Süsters,
dat ick dat Guede nich immer achtet un dat Böse häw daon

– ick häw sündigt in Gedanken, Worde un Werke –
dör miene Schuld,
dör miene Schuld,
dör miene graute Schuld.
Daorüm bidde ick de siälge Jungfrau Maria,
alle Engel un Hilligen
un ju, Brüöers un Süsters, för mi to beeden bi Gott usen Herrn.

P De allmächt'ge Gott erbarme sick aöwer us, so dat he us naolött Sünde un Schuld.

A Amen.

Orre dat Kyrie

P Herr erbarme di.

A Christus erbarme di.

P Herr erbarme di.

GLORIA

Ehre sie Gott in de Höchten
un Freede up Erden allen Mensken,
de et guet meint.

Wi luowet di,
wi prieset di,
wi beedet di an,
wi rühmet di un danket di, denn graut
is diene Herrlichkeit.

Herr un Gott,
Hiemmelskönnig,
Gott un Vaa,
Regent von et Firmament.

Herr, eenzig boorene Süöhn,
Jesus Christus.
Herr un Gott, Lamm Gottes, Suöhn van Vaa,
du nemms de Sünden uut de Welt:
erbarme di üöwer us;
du nemms de Sünden uut de Welt:
nemm an use Gebet;
du sitts to Rechten bie 'n Vaa:
erbarme di üöwer us.

Denn du alleen bis de Hillige,
du alleen de Baas,
du alleen de Höchste:
Jesus Christus,
mit den Hilligen Geist,
to Ehre Gottes den Vaa.
Amen.

Dagesgebet

P Gott, use Vaa, wi sind hier tohaupe kommen, üm di in use plattdüütske Spraok to ehren, de Spraoke in de auk use Vöröllern all to di beedet häbt.

Doch in wecke Spraoken wi auk immer bi di ankloppet, du kicks up Hiärt un Siäl, wu et dao bi us uutsüht. So laot dien Lecht üöwer us löchten, ümdat sick auk use Siälen wier lichtet un et warm wäd in use Hiärten. Daorüm biddet wi dör Christus, usen Herrn.

A Amen.

WORTGOTTSDENST

Erste Liäsung

Düsse – orre eene, de wünsket is.

L Liäsung uut dat Book Sirach:

Wahr di daovör, den Kopp hangen to laoten orre in Schwattkiekerie to verfallen. Küer di kien Unglück in de Mööte. Befass di leiwer mit dat, wat Hiärt un Siäle guet döt. An so wat richte di up. Also achte up dat, womit du di affgiffs un wat di daobi to Koppe geiht. Kiek up dat Guede, up dat, wat fromm un froh mäck un Hiärt un Siäle lichtet. Denn Toversicht, Gottvertruen un Frohsinn sind dat beste Middel, üm guet dört Liäben to kommen. Well so liäwet un Gott achtet, de kann tofriär aolt wiär'n.

Sir 30, 21–22

L Wort Gott's.

A Gott, wi danket di.

Antwortgesang

DE HILLIGE MISSE

ICK WILL DI GERN HÄM'N, MIENE STÄRKE

1 Ick will di gern häm'n, miene Stärke
ick will di gern häm'n, du mien Stern!
Ick will di achten dör mien' Werke
un to di biäden, alltiets gern.

Kv Nao di ick ganz mi reck un streck,
bis mi dat Hiärt in Liewe breck.

2 Ick will di guet sien, miene Quelle,
ick will all's doon, üm di to ehr'n.
Ick will di luowen, up de Stelle,
to di hen sall mi nix nich stör'n.

Kv Nao di ick ganz mi reck un streck,
bis mi dat Hiärt in Liewe breck.
3 Ick will di ehren, du mien Liäben,

ick möch mit di dört Liäben gaohn.
Ick möch to di hen, dör mien Stiärben,
wenn ick up Erden häw et daon.

Kv Nao di ick ganz mi reck un streck,
bis mi dat Hiärt in Liewe breck.

M: Gorg Joseph 1657, T: Johann Scheffler 1657, Üb: Otto Pötter 2020

Twedde Liäsung

L Liäsung uut Paulus sienen twedden Breef an de Korinther:

Eens, wat ick ju noch säggen will, is ganz wichtig: Achtet drup, wu, wann un wat ji sajet. Well dat all nich ernst nemmet un bi de Saot auk noch knipp, de kann weder guet noch riewe ernten. Well to pässig Tieten aower munter ne guede Saot met vulle Hande uutsajet, de kann getrost auk up ne guede Ernte huopen.

Nich jedereene kann et den gröttsten Baas daobi lieke doon. Dat kann un mott auk gar nich. De eene so, de annere so; je so dem, wu de een off annere et kann. Et sall aower met Luune von Hiätten kommen. Well glieks all van ächten rüm simmleert un van Anfang an knipp, de is antlest auk knieppen. Saot un Ernte sollet Freude maaken! Wat ji auk geewet un doot, et mott de guede Sinn debi drin sien. Dann wäd et auk wat. Weil Gott sömms gerne riewe giff, kick Gott auk up Guetmoot un Frohsinn. He häff Freude an Mensken, de met Freude geewet un liäwet.

1 Kor 9, 6-7

L Wort Gott's.

A Gott, wi danket di.

Ruf vört Evangelium

   Halleluja, Halleluja, Halleluja!

EVANGELIUM

Düt – orre dat, wat stattdem den Dag uutwählet is.

P Der Herr müöch bi ju sien.

A Un mit dienen Geist.

P Uut dat Evangelium nao Johannes:

A Ehre di, o Herr.

Jesus säch so: Ick sin den rechten Wienstock un mien Vaa in' Hiemmel is de Wiengäörner; ji aower sind de Reben. Doch Reben, de et nich doot, sind nich guet för den Wienstock. An sücke Reben kümp antlest de Schere.
Üm so Reben aower, de pattu wuohl Frucht brengen willt, dao kümmert sick de Wiengäörner üm; he schnitt de drüügen Tööge debi wech un dött an de Wuordeln noch guet wat an Dünger.
Mit nen gueden Blick richtet he dat up, wat wassen will; he baiget et de Sönne hento, ümdat in Saft un Kraft guede Früchte riepen könnet.
Ji sind de gueden Reben, denn ji häbt de Frohe Botschaft all vernommen. Bliewet deep in mi verbunnen, dann bliew auk icke fest met ju verbunnen. Denn ne Rebe kann nich ohne den Wienstock, dat geiht nich.

Jüst so könnt auk ji bloß guede Früchte brengen, wenn ji met mi gottverbunnen bliewet. Dann bliewet antlest auk van ju guede Früchte.

Tööge aower, de an den Wienstock drüüge wuorden sind, dööget nich; mehr noch, se kommet de gueden Tööge auk noch in de Quere, so dat auk de noch Schaden nemmet. Dat geiht nich. Drüm lannet se int Füer.

Wenn ji aower met mi verbunnen bliewet, könn ji Gottvaa in Hiemmel üm all's bitten, wat guet is för ju. He helpet ju. Dann riepet ji heel best un brenget guet wat an Frucht.

Joh 15, 1–7, 11–12

P Evangelium van usen Herrn, Jesus Christus.

A Luow un Ehre di, Christus.

Halleluja, Halleluja, Halleluja!

Priägt

Gloovensbekenntnis

P Wi bekennet usen Glooven.

A Ick gloove an Gott,
den Vaa, den Allmächtigen,
de Hiemmel un Erde möök,
un an Jesus Christus,
sienen enzig booren Süöhn, usen Herrn,

hier us doon dör den Hilligen Geist,
geboren von de Jungfrau Maria,
de lieden moss unner Pontius Pilatus,
krüüßigt, stuorben un unner Erden kommen is,
daale steeg int Daudenriek,
an' deerden Dag von de Dauden
aower wier upstaohn is,
upstieggen in Hiemmelshöchten;
he sitt to de Rechten von Gott,
den allmächtigen Vaa;
von dao her wäd he kommen,
to richten de Lebennigen un de Dauden.
Ick gloove an den Hilligen Geist,
de hillige katholske Kerke,
Gemeeschop von de Hilligen,
Naolaot von us Sünden,
Uprichtung von de Dauden
un dat ew'ge Liäben.
Amen.

Orre dat dat Graute Gloovensbekenntnis S. 37.

Fürbidden

P Christus, usen Heiland, de sick as Retter to us bekannde, biddet wi:

V För alle, de in Politik un Kerke Verantwortung häbt, dat se in all'm wat se doot auk use christlicken Werte achtet un alltiets so hannelt, dat se et vör iähr Gewietten verantworten könnt. – Christus, höre us.

A Christus, erhöre us.

V Wi beedet för all de, de nich mehr so recht könnt, för Kranke un sücke, de 'n schwuor Krüüß to driägen häbt; dat se Gott in iähre Naut nich vergiätt' un so wier Huopnung un Toversicht findet. – Christus, höre us.

A Christus, erhöre us.

V Wi alle häbt use Fehler un Nücken. Giff us Inseihn un den Muot för Vergewung un Ümkehr, ümdat annere nich dör us to Schaden kommet. – Christus, höre us.

A Christus, erhöre us.

P Auk use persönlicken Bidden will wi nu noch still mit us affmaaken un vör Gott brengen. – Christus, höre us.

A Christus, erhöre us.

Eucharistiefier

Gawenleed

Wat us de Erd hät schonken rieklick

1 Wat us de Erd hät schonken rieklick,
wör auk de Arbeit manges hatt,
wat anfüng un häff ennet prieslick
von dat willt wi auk gee'm wier wat.

2 Wi lecht de Gawen de wi häwet,
vör di äs Schöpfer dankbar daal.
Schenk du us Kraft, dat wi guet liäwet
un de Natur auk haollt vital.

3 So es sick Wien un Waater binnet,
so sind verbunnen wi mit di.
Denn ohne di wi nienich finnet,
wat dankbar mäck, frisk, fromm un frie.

4 To Ernetdank will wi di luoben,
daobi geluoben auk Respekt.
Üm Siägen biddet wi von buoben,
ümdat de Schöpfung nich verreckt.

M: Trad., Guillaume Franc 1543, Plattdeutsche Textfassung: Otto Pötter 2020, in Anlehnung an Friedrich Dörr 1971

Gabenbereitung

P Beedet, Brüör un Süsters, dat Gott, use allmächtige Vaa in Hiemmel, mien un ju Opfer gnädig annemmet.

A De Herr niähme dat Opfer an uut diene Hande to Luow un Ruhm för sienen Naomen, to Siägen för us un siene ganze hillige Kerke.

P Herr, use Gott, de Gawen, de hier wi häwet anrichtet, sind Teeken von use Hingawe an di. Daorüm biddet wi: So es dör de Kraft von den Hilligen Geist

Braut un Wien hillig werdet, so hillige auk us mehr un mehr nao et Bild von usen Herrn Jesus Christus, de met di liäwt un herrsket in alle Ewigkeit.

A Amen.

EUCHARISTISCHES HAUCHGEBET

Twedde Hauchgebet

P De Herr sie mit ju.
A Un mit dienen Geist.
P Maaket wiet de Hiärten.
A Wi häbet se bi'n Herrn.
P Laot us danken usen Herrn un Gott.
A Dat is würdig un recht.

P In Waohrheit is et würdig un recht, di, hillige Vaa, immer un üöwerall to danken dör dienen leiwen Süöhn Jesus Christus. He is dien Wort; dör em häs du allet schaffet. Em häs du us sandt äs usen Erlüöser un Heiland. He is Mensk wuorden dör den Hilligen Geist, geboren von de Jungfrau Maria. Üm dienen Raotschluss to erfüllen un di en hillig Volk to küren, häff he ant Krüüß för us stiärwend siene Arme uutstrecket. He häff den Daut siene Macht bruoken un dat Upstaohn up den Hiemmel hento verkünnigt. Daorüm prieset wi di mit alle Engel un Hilligen un singet mit iähr dat Luow von diene Herrlichkeit:

Sanctus

> Hillig, hillig, hillig,
> Gott, Herr üöwer alle Mächte un Gewaolten.
> Üöwer alle Maoten sind Hiemmel un Erde vull
> van diene Herrlichkeit.
> Hosanna in de Höchte.
> Hauchluowet sie denne,
> well dao kümp in' Naomen van den Herrn.
> Hosanna in de Höchte!

Orre dat nao de Düütske Misse von Franz Schubert:

HILLIG, HILLIG, HILLIG

Hillig, hillig, hillig – hillig is de Herr.
Hillig, hillig, hillig – hillig is bloß he.
He, de nie begonnen,
he, de alltiets wör,
ewig is un waltet, guet is dör un dör.

Hillig, hillig, hillig – hillig is de Herr.
Hillig, hillig, hillig – hillig is bloß he.
Schöpfung, Allmacht, Fülle,
Wunner ohne Weh,
hillig, hillig, hillig – hillig is bloß he.

T: Johann Philipp Neumann 1827, M: Franz Schubert 1827

P Ja, du bis hillig, graute Gott, du bis de Quelle van all's, wat hillig is.
Daorüm biddet wi di: Sende dienen Geist up düsse Gawen, ümdat se us werdet Lief un ✚ Bloot von dienen Süöhn, usen Herrn Jesus Christus.

Denn an den Aobend, as he uutliefert wuorde un uut frie'e Stücke dat Leiden up sick namm, namm he dat Braut un sach Dank, bröök et, deelde et unner siene Jünger uut un spröök:
NEMMET UN IÄTTET ALLE DEVON: DAT IS MIEN LIEF, DE FÖR JU HENGEBEN WÄD.

Iämso namm he nao dat Mahl den Kelch, dankte wier, gaff en siene Jünger un spröök:
NEMMET UN DRINKET ALLE DAORUUT: DAT IS DE KELCH VON DEN NIE'EN UN EWIGEN BUND, MIEN BLOOT, WAT FÖR ALLE UUTGUOTTEN WÄD, TO VERGEWUNG VON DE SÜNDEN. DOOET DÜTT TO MIEN GEDENKEN.

P Geheemnis uut den Glooven:

A Dienen Daut, o Herr, verkünnet wi, un diene Uprichtung prieset wi, bis dat du kömms in Herrlichkeit.

P Daorüm, guede Vaa, fier wi dat Gedenken von Daut un Uperstehung von dienen Süöhn un brenget di so dat Braut för't Liäwen un den Kelch för't Heil dao. Wi danket di, dat du us uuterkoren häs, vör di to staohn un di dainlick to sien. In Demoot biddet wi di: Schenke us Andeel an Christi Lief un Bloot un loot us eens wiär'n dör den Hilligen Geist.

Gedenke, Herr, diene Kerke rund üm de Welt un vullende se in Leewe, in Gemeenschop mit usen Papst N., usen Bischop N. un alle Bischöppe, use Priester, Diakone un mit alle, de bestellt sind, de Kerk to Densten to sien.

Hier kann auk noch ne besönnere Bitte mit debi kommen.

Gedenke auk (alle) use Brüörs un Süsters, de stuorben sind in de Huopnung, dat se upstaoht. Nemm se un alle, de in diene Gnade uut düsse Welt scheeden sind, in dien Riek up, wo se di schauet von Angesicht to Angesicht.

Wi biddet di, erbarme di üöwer us alle, ümdat wi dat ewige Liäben erlanget in Gemeenschaft mit de siälige Jungfrau un Gottsmoder Maria, mit diene Apostels un mit alle Hilligen, de bi di Gnade funnen häwet, van de Welt Anbeginn, dat wi di luowet un prieset dör dienen Süöhn Jesus Christus.

Dör em un mit em un in em is di, Gott, allmächtige Vaa, in de Einheit mit den Hilligen Geist alle Herrlichkeit un Ehre, nu hier un in Ewigkeit.

A Amen.

Kommunion

Vaderunser

P So laot' us nu tesammen beeden, wu de Herr us to beeden lehrt häff:

A Vader use in' Hiemmel,
gehilligt sie dien Naome.
Dien Riek komme.
Dien Raotschluss sall gellen,
wu in' Hiemmel, so auk up Erden.

Use täglick Braut
giff us vandage.
Un vergeew us use Schuld,
wu auk wi willt vergeewen
use Schuldner.
Un führe us nich in Verlockung,
sönnern erlüöse us
von alls, wat böös is.

P Erlüöse us, Herr, allmächtige Vaa, von all'n Bösen un giff Freed in use Dage. Komm us to Hölpe met dien Erbarmen un bewahre us vör Verwirrung un Sünde, ümdat wi vull Toversicht dat Kommen von usen Erlüöser Jesus Christus verwochtet.

A Denn dien is dat Riek,
un de Kraft
un de Herrlichkeit
in Ewigkeit
Amen.

Freedensgebet

P De Herr sach to siene Apostel:
Freeden achterlaot ick ju,
mienen Freeden geew ick ju.
Daorüm, Herr Jesus Christus,
kiek nich up use Sünden,
sönnern up den Glooven van diene Kerke
un schenke iähr nao dienen Willen
Intracht un Freed.

P De Freede von usen Herrn sie alltiets met ju.

A Un mit dienen Geist.

D Wieset ju alltohaupe düssen Freeden as Teeken van Versüöhnung.

Brautbriäkung

P Lamm Gottes, du nemmes weg, de Sünde von de Welt:

A Erbarme di.

P Lamm Gottes, du nemmes weg, de Sünde von de Welt:

A Erbarme di.

P Lamm Gottes, du nemmes weg, de Sünde von de Welt:

A Giff us dienen Freeden.

Inladung to Kommunion

P Kieket up dat Lamm Gottes, wat alle Sünden uut de Welt nemmet.

A Herr, ick sin nich würdig, dat du inkehrst unner mien Dack, aower säch bloß een Wort, so wäd miene Siäle gesund.

Kommuniongesang

Dienen Heiland, dienen Lehrer

1 Dienen Heiland, dienen Lehrer,
dienen Mester un Ernährer,
singet alle em mit Schall,
üm to priesen siene Lehre,
de kineene us verwehre,
de et guet mennt, üöwerall.

2 In dat Braut is he togiägen,
wecket is un giff us Liäben,
wat för Christen is Gewähr.
Düsse Braut, dat he in' Saale
daomaols gaff bi'n Aobendmahle
sienen Jüngern gaff in Ehr.

3 Dat is auk för us vandage,
alle Tiet, in jeder Lage
Hiemmelsnahrung för de Siäl.
Düsset Braut giff Kraft un Liäben,
daomit könn wi ewig liäben,
ohne dat wi kieket schiäl.

4 Wat dat Aoge nich kann kieken
un de Kopp nich kann begriepen,
könnet Hiärt un Siäl wuohl an.
Denn düt Teeken geiht vull wieder,
nemmt us an äs siene Glieder,
wat de Siäl bloß kläören kann.

M: Michael Haydn 1787, T: Thomas von Aquin 1260 und F.X. Riedel 1733,
Üb: Otto Pötter 2020

Schlussgebet

P Du guede, allmächtige Gott, wi wören Gäste hier an den Disk von dienen Süöhn. Daoför will wi danken un di luowen. Geiht use Patt hier to Ende, laot us to em gelangen, to em, de us vöran gaohn is. Daorüm biddet wi dör usen Herrn Jesus Christus, de mit di liäwet un herrsket in alle Ewigkeit.
A Amen.

Siägen

P De Herr sie mit ju.
A Un mit dienen Geist.
P De allmächtige Gott siägne ju,
de Vaa un de Süöhn ✢ un de Hillige Geist.
A Amen.

Affscheed

P Nu gaohet in Freed dehen.
A Wi danket usen Gott.

Schlusslied

In dienen Freed

1 In dienen Freed, o leiwe Herr,
laot us nu gaohn bestärket.
So es dien Mund us dai klaor kund,
helps du us, wenn wi werket.
Giff's Energie, mäcks Aollet nie,
so dat us nixnich briäket.

2 Gaffs us dat Best' as diene Gäst',
dien hill'ge Mahl vull Gnaden.
Düt Liäbensbraut stillt alle Naut,
hölt aff von us leep Schaden.
Et stärket us, mäck met Frust Schluss
bi all', de hier geladen.

3 Christus, wi dankt; et us nich bangt
bi all dat, wat auk kommet.
Wi nemmt et an, wu auk un wann,
so dat et us wuohl frommet.
Giff's Energie, mäcks Aollet nie,
dann komme, wat auk kommet.

M: Wolfgang Dachstein 1530, T: Friedrich Spitta 1852,
Üb: Otto Pötter 2020

Orre:

GRAUTE GOTT, WI LUOWET DI

1 Graute Gott, wi luowet di,
Herr wi prieset diene Stärke.
Vör di duckt de Erd sick schüü,
un bewunnert diene Werke.
Wu sick auk de Erde dreiht,
du bliffs Gott in Ewigkeit.

2 Allens wat di priesen kann,
Cherubin un Seraphinen,
stimmt för di 'n Luowleed an,
alle Engel, de di doot dienen,
singt mit Schall di jubelnd to:
„Hillig, Herr Gott Zebaoth!"

3 Staoh, o Herrgott, staoh us bi;
laot us nich alleene sitten.
diene Hölpe trauet wi;
ehrfurchtsvull doo wi di bitten:
Help us, Gott, denn diene Macht,
löcht us auk in düüster Nacht!

4 Graute Gott, wi luowet di,
priesen will wi di un danken.
Dör di will wi werden nie,
gloovensfast, üm nich to wanken.
Help us uut den aollen Trott,
Staoh us bi, du graute Gott!

M: Wien um 1776/Heinrich Bone 1852, T: Ignaz Franz nach dem „Te Deum" 1771, Üb: Otto Pötter 2020

Orre:

MÜÖGE DE STRAOTE US TESAMMENBRENGEN

1 Müöge de Patt us wir tesammen brengen,
un de Wind in dienen Rüggen sien.
Fien falle Riägen, för di äs Siägen;
löchten sall di auk de Sunnenschien.

Kv Un bis wi us maol wier findet,
haolle Gott di fest in siene Hand.
Off wi liäwet orre stiärwet,
Gott bliff immerto för us Garant.

2 Müög up den Patt, den du moss hier wandern,
alltiets Gottes Siägen bi di sien.
Doch Hölpe auk von den eenen off andern,
ohne Hölp un Siägen dräuet Pien.

Kv Un bis wi us maol wier findet ...

3 Häw unnern Kopp en schlaopweeket Küssen,
häbe auk guet Tüüch un lecker Braut.
Sie män in' Hiemmel all vettig Jaohr detüsken,
dann weet de Düüwel nich es, du wärs daut.

Kv Un bis wi us maol wier findet ...

4 An Gottes Siägen is all's geliägen,
dann bis du auk nimmer nich alleen;
kannst di behöödet sicher bewiägen,
bis et giff för us 'n Wiederseh'n.

Kv Un bis wi us maol wier findet,
haolle Gott di fest in siene Hand.
Off wi liäwet orre stiärwet,
Gott bliff imerto för us Garant.

T und M: Markus Pytlik 1988 nach irischen Vorlagen. Üb: und T: letzte Strophe Otto Pötter 2020

Dao gaff Jesus sien Wort up:
Ick laot ju hier nich alleene.
Anstelle von mi, giff ju de guede Vader in' Hiemmel
den Geist, de alle Waohrheit in sick häff,
up den ji alltiets ankönnt, wenn ji ju em towennet.
Verlaot' ju drup, bis ick wier bi ju bin, is un bliff he bi ju.

Joh 14, 16–18

Kerkenwacht

Ick freide mi, as man mi sach:
To dat Huus det Herrn
willet wi gaohn.

Ps 122, 1

KERKENWACHT

Gott to Ehre wat doon, dat is nienich ümsüss.

„'N Huus vull Glorie wiest sick, wiet üöwer't ganze Land ..." Schlimm is et, wenn Kerken dagesüöwer uut Vörsicht vör Vandalismus schluotten sind. Et könnde änners.

Den Komponisten Andrew Lloyd Webber (*1948) mennde maol, verriegelte Kerken wären Teeken daoför, dat dat Beste in us Mensken verkümmerde!

De Mann bekannde, dat em siene besten Ideen un schönsten Melodien in stille Kerken kaimen. Oft auk nao ne Misse, wenn he alleene noch 'n Tietken still sitten bleew. As Süöhn von nen Kerkenmusiker härre he beidet in' Bloot, „Mystik und Musik". He könn sick 'n erfüllt Liäben ohne Gloov un Kerke gar nich vörstellen.

Den *Scottish Catholic Observer* sach he:

„Die besten Ideen zu meinen Musicals kamen und kommen mir wie von oben herab in der wohltuenden Atmosphäre von alten Kirchen. Ich gehe immer wieder gern mal zwischendurch in diese spirituellen Kraftorte, um aufzutanken, mich von Höherem beschenken und inspirieren zu lassen. Kirchen tun mir gut, sie sind eine Wohltat für mich. In dieser Ruhe und mystischen Stille fließt mir viel zu. Ich kann ehrlich sagen: Kirchen sind Quellen der Sinnfindung, sie sind Orte der Kraft und Oasen für ausgehungerte Seelen. Darum sollten ihre Tore weit offen sein – jederzeit."

„Ein frommer Wunsch", meinet tüskentiets nich weinige, de sick üm iähre Kerken suorget, weil nu maol längst nich mehr alle met Ehrfurcht un Anstand leipen. Sall wi daovör inknicken?

Könnden sick in de Gemeinden doch wecke finden (Senior*innen), de in wesselnden Törn dagesüöwer Kerkenwacht höölden! Villicht leit sick ineens daobi auk noch dat een off anner doon. Kerkenwacht samt Hege und Plege wären jüst vandage van grauten Wert. Wuvull stillen Siägen könnde dat brengen ...

Et giff immer wat, wat de Siäle bruuket.

Wat de Siäle bruuket

Se bruuket 'n Platz
up den se steiht.

Se bruuket 'n Frönd,
de mit iähr geiht.

Sie bruuket wat Schöns,
wat hauch se büört.

Sie bruuket Frohsinn,
dat Knöttern nich stört.

Sie bruuket 'n Doon,
wat nimmer nich reut.

Se bruukt Stille, Sinn
un Beharrlichkeit.

De Siäl bruukt Orientierung,
för Gott bereit –
üm to ahnen de ewige Siäligkeit.

Nach einem Gedicht von Otto Pötter 2009

Gaoh dienen Patt mit em

Gaoh dienen Patt, di vörbestimmt;
acht' up de Lechter, de dao glimmt.
Gaoh dienen Patt mit em.

Kiek üm di, well dao mit di geiht,
et is oft licht von' Patt affdreiht.
Luster up de rechte Stemm.

Laupe nich so es 'n Schluffen,
laot di lichthen nich glieks bluffen.
Staoh för di, schüü kiene Müh.

Wenn fallen bis, giff di en Schub,
dann staoh mit Toversicht wier up.
Kieke nich nao anner Lüü.

De Lüüde weet' ja immer wat,
doch off dat guet is för dien'n Patt,
dao is de Kopp licht bi verstellt.

Kiek leiwer es maol wier nao buoben,
üm to danken un to luoben.
So wieset sick, wat wüerklick tellt.

du kanns drupan, dann geiht et;
ja, mehr gar noch, dann blaiht et!
Un schön schinnt di glieks wier de Welt.

Otto Pötter 2020

KERKENWACHT

STILL

Still – sachte an un lück sinnig;
nich so luut, daoför stimmig.
Heel deep uut' Hiärt
schinnt nix verkehrt...
Still – laot nao binnen mehr Ruhe;
guet verwahrt es 'n Schatz in de Truhe.
Dann bis gar sehr,
sehr guet tofriär.

Otto Pötter

„... ER GING HINAUS, UM ZU BETEN."

Die Evangelien bezeugen die Gebetstreue Jesu. Markus berichtet uns: „Schon in der Morgenfrühe stand er auf und ging hinaus, um zu beten" (Mk 1,35). Auch uns gilt heute das, was im Römerbrief steht: „Lasst nicht nach im Gebet!" (Röm 12,12). Gegen alle Verzweiflung ist nichts so hilfreich wie das Gebet; allein das Gebet stärkt die Glaubens- und damit auch die Lebenskraft. Es gibt keine bessere seelische Orientierung.

Wir sagen nicht von ungefähr: „Glauben versetzt Berge". Damit soll das Wissen nicht kleingeredet werden. Wissen allein aber ist überschätzte Allmacht. Das, was das Leben ausmacht, haben wir nicht in der Hand. Das kann keiner „wissen". Sicherheit, Planbarkeit, Wissen und eine noch so perfekte Technik erfüllen nicht ohne etwas, was das Nützliche übersteigt. Wer ohne Hoffnung auf Erfüllung und Gnade hantiert, handelt verbissen, er verspielt sein Glück; denn Gnade ist göttliche Gunst (das bedeutet gratia), die dem Gläubigen in seinem menschlichen Streben umsonst dazu geschenkt wird. Das kann man nicht machen, sondern nur empfangen.

Gelehrte Gegenargumente helfen nicht weiter, Ausreden reden um das Eigentliche herum und Lug und Trug machen alles nur prekärer, da jede Lüge ohnehin in Selbstbelügung gründet. Erst recht im Prozess um Gott macht man sich selbst zum Götzen. Psychologen wissen es längst: Brechen stärkende Obervorstellungen, drängen unheilvolle Untervorstellungen nach oben. Hingegen verweisen Theologen auf die Demut,

Demut aber nicht im Kleinmachen seiner selbst, sondern in der Bereitschaft, über sich selbst hinaus Größeres anzuerkennen (religio = Rückbindung). Nur so ist ein Glaube möglich, der die Lebenskraft stärkt und zynischen Anfechtungen standhält. Nur so auch gedeiht wahre Verantwortung gegenüber der Schöpfung und im Privaten Ehrlichkeit im Umgang miteinander, was letztlich die Vergebung einschließt.

All das lässt sich nicht aufschieben. So wirkt auch der Glaube nicht hypothetisch, auch ist er nicht nur was für besondere Lebenslagen, nein, er will sinnvoll eingewoben sein im Hier und Jetzt. Denn wann sonst will das gelebt und geliebt werden, wofür zu leben es sich lohnt? Tolstoi (1828 – 1910) sagt es unmissverständlich: „Liebe in der Zukunft gibt es nicht." Das gilt für alles, was uns wichtig ist, sonst verfallen wir der Resignation. Ja, oft hilft nur noch Beten. Wer aber sagen kann: „Gott ist Stütze mir und Licht, Gottes Geist verlässt mich nicht", resigniert nicht. Alles bleibt sich gleich und doch wird durch das Gebet gleich alles anders. Man spürt die belebende Gnade (gratia), die mit dem Gebet ganz umsonst gegeben wird.

In seinem Werk „Die Physiker" warnte Dürrenmatt (1921 – 1990), dass die Selbsterhöhung des Menschen unwiderruflich in die Katastrophe führt. Denn jede Kraft, die nicht an eine höhere Macht gekoppelt ist, stürzt durch Überheblichkeit irgendwann in sich zusammen und reißt andere mit in den Abgrund. Ist Glaubenskraft aber Lebenskraft, so deshalb, weil ein analoger Sinnbezug gegeben ist, der vor dem „Wahnsinn" bewahrt. Dostojewski (1821 – 1881) sagt es unverblümt: „Eine Welt ohne Gott endet im Chaos."

Wir stehen nicht von ungefähr vor dem Dilemma, dass uns die Welt aus den Fugen gerät. Lug und Trug (Fake-News, alternative Wahrheiten), Verschwörungstheorien, Größenwahn, Unversöhnlichkeit und Waffengerassel bis hin zur klimatischen Apokalypse sind menschengemacht, Folgen maßloser Überheblichkeit. Es ändert sich nichts, wenn wir uns nicht ändern – aber von innen her. Alles andere wäre Makulatur. Ja, man kann ohne Gott leben, aber mit ihm lebt es sich besser.

Darum soll dieses plattdütsch Gebedebook helfen, unsere Anliegen und Bedürfnisse auf die uns eigene Art und Weise zu verdeutlichen. Das möchten auch die bewusst schlicht gehaltenen Bilder zeigen. Und die Liedtexte zu den altvertrauten Kirchenliedern möchten zum Ausdruck bringen, mit welchen Worten wir hier und heute das äußern, was uns in unserem Inneren bewegt.

Otto Pötter
Rheine, Allerheiligen 2022

Gesangsliste

Adé, dat döt oft weh	176
All's mit Sinn to Gottes Ehren	185
Alleen Gott üöwer us sie Ehr	124
Allen Mensken steiht peraot Gottes Raot	132
Aobendstund kümp sachte	127
Dat is de Dag, den Gott häff maakt	151
Dat Körn för sick mott stiärwen	150
Di möch ick, Gott, to eegen sien	93
Dienen Heiland, dienen Lehrer	207
Fest sall mien Dööpbund alltiets staohn	23
Freu di, du Hiemmelskönnigin	64
Gott's Geist dörwirkt dat ganze All	158
Graute Gott, wi luowet di	210
Help, du Herr von 't Liäben	142
Hillig, hillig, hillig	202
Ick gaoh mit miene Latüchte	169
Ick will di gern häm'n, miene Stärke	194
In dienen Freed	209
Ji Frönde Gottes	130
Komm, du Heiland von us all	35
Kündet allen in de Naut	179
Luowe den Herren	49
Maria knöpp den Mantel up	70
Mien Hiärt un Siäl verlangt nao di	39
Miene Huopnung, miene Freude	20
Müöge de Straote us tesammenbrengen	211
'N Huus vull Glorie wiest sick	188
O Jesu, all mien Liäben bis du	46
Sächt an, well is doch düsse	66
Siägne du, Maria	56
So nemm denn miene Hande	102
Stille Nacht	181
To Betlehem geboren	180

Uut deepe Naut roop ick di to 147
Vull Andacht will wi beeden 18
Wat Gott dött, dat düch alle Tiet 89
Wat us de Erd hät schonken rieklick 199
Well unner Gottes Schutz fest steiht 52
Wi sind bloss Gast up Erden 174
Wi sind nich alleen 110
Wunnerschön prächtige 69

To männig Lieder, auk uut dütt Gebedebook, häff de Autor ne CD maaket: „Gott Dank met Wort un Klang." Se ist to finnen unner:

www.poetter-plattdeutsch.de

Kieket auk gerne unner düssen QR-Code, wenn ji deruut es maol wat lustern mööget: